は じ め に

　本書は、「大学入学共通テスト」（以下、共通テスト）攻略のための問題集です。

　共通テストは、「思考力・判断力・表現力」が問われる出題など、これから皆さんに身につけて
もらいたい力を問う内容になると予想されます。

　本書では、共通テスト対策として作成され、多くの受験生から支持される河合塾「全統共通テス
ト模試」「全統共通テスト高２模試」を収録しました。

　解答時間を意識して問題を解きましょう。問題を解いたら、答え合わせだけで終わらないように
してください。この選択肢が正しい理由や、誤りの理由は何か。用いられた資料の意味するものは
何か。出題の意図がどこにあるか。たくさんの役立つ情報が記された解説をきちんと読むことが大
切です。

　こうした学習の積み重ねにより、真の実力が身につきます。

　皆さんの健闘を祈ります。

本書の使い方

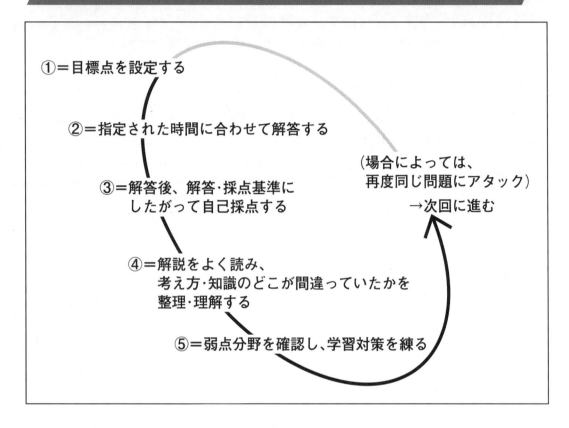

◎次に問題解法のコツを示すので、ぜひ身につけてほしい。

解法のコツ

1. 問題文をよく読んで、正答のマーク方法を十分理解してから問題にかかること。
2. すぐに解答が浮かばないときは、明らかに誤っている選択肢を消去して、正解答を追いつめていく（消去法）。正答の確信が得られなくてもこの方法でいくこと。
3. 時間がかかりそうな問題は後回しにする。必ずしも最初からやる必要はない。時間的心理的効果を考えて、できる問題や得意な問題から手をつけていくこと。
4. 時間が余ったら、制限時間いっぱい使って見直しをすること。

目　次

はじめに	1
本書の使い方	2
出題傾向と学習対策	4
音声のダウンロードについて	11

※解説中の 🔽(5103)～🔽(5444) は MP3 のファイル名に対応しています。

	────[問題編]────	─[解答・解説編（別冊）]
第 1 回 ('23年度全統共通テスト高 2 模試)	─── 13 ───	1
第 2 回 ('23年度第 1 回全統共通テスト模試)	─── 35 ───	13
第 3 回 ('23年度第 2 回全統共通テスト模試)	─── 57 ───	25
第 4 回 ('23年度全統プレ共通テスト)	─── 79 ───	37

出題傾向と学習対策

出題傾向

難易度（2024年度）：やや易（平均点67.24点／100点）

　2024年度の共通テスト本試験は，解答時間30分，読み上げ総語数1,547 words，設問総語数582 words，読み上げ平均速度133 wpm*，読み上げ合計時間696秒であった。各問題の読み上げ平均速度は一様ではなく，読み上げ速度が最も速かった問題は，第1問A問3の247 wpm で，最も遅かった問題は第4問A問22～25の106 wpm であった。また，読み上げの話者はアメリカ人を中心に，イギリス人，カナダ人そして日本人と思われる話者が含まれていた。昨年度と比べ，読み上げ総語数にほとんど変化はなく，はっきりと聴き取りやすい音声であり，内容的にも身近な話題が多く理解しやすかった。とりわけ第5問はワークシートがかなり簡略化されていたため理解しやすく，印刷されている英文の情報量も少なかったので読むのに大して時間がかからなかったと思われる。さらにワークシートが読み上げられる講義内容に沿っていたため理解しやすくなったことで，昨年度に比べ難易度はかなり易化した。ただし，問28～31は選択肢が動詞句であったため，苦戦したように思われる。今回の試験でも，音声を正確に聴き取り，聴き取った情報を他の表現に言い換える力，選択肢を素早く読み取り，情報を整理する力，さらに図表やワークシートなどを正しく読み取り，聴き取った情報と重ね合わせて判断する力，すなわち**「読む」技能と「聞く」技能を統合させる力**が求められていた。単に英語を聴き取るだけでなく，**目的に応じた思考力・判断力が求められる問題**でもあった。

*words per minute「毎分ワード数」

第1問A　短文発話内容一致問題

読み上げ英文の分量（2024年度）：15 words 程度／1問
読み上げ平均速度（2024年度）：179 wpm

　形式：短文を聴き，その内容に最もよく合っているものを英語で書かれた4つの選択肢から1つ選ぶ形式。

　ねらい：身の回りの事柄に関して平易な英語で話される短い発話の聴き取りを通じて，情報を把握する力を問うことをねらいとしている。

　特徴：聴き取った英文内容を1文で**言い換え**たり，複数の発話内容から状況を把握したり，直接表現はしていないがその意味を内蔵している**含意関係**を考えたり，状況を1文で**要約**したりすることで，聞こえてくる発話内容を理解する力を問うている。平易な英語だが，音声の同化などが生じることで，より自然な発話の聴き取りが求められている。

— 4 —

攻略法 音声を聴く前に選択肢に目を通し，場面状況を予測しながら，選択肢の違いを押さえておこう。聴き取りの際は，聞こえてくる順に情報を処理し，聞こえてきた表現が選択肢では**別の表現で言い換え**られている場合があるので注意しよう。

第1問B　短文発話イラスト選択問題

読み上げ英文の分量(2024年度)：10 words 程度／1問

読み上げ平均速度(2024年度)：164 wpm

　形式：短文を聴き，その内容に最もよく合っているものを4つのイラストから1つ選ぶ形式。

ねらい：身の回りの事柄に関して平易な英語で話される短い発話を聴き，それに対応するイラストを選ぶことを通じて，発話内容の概要や要点を把握する力を問うことをねらいとしている。

　特徴：**情報伝達の基本となる文法・語法**の理解度をリスニングで評価する問題。**語彙の正確な理解**を音声で問うことで，発話内容の概要を把握する力が求められている。

攻略法 音声を聴く前に選択肢のイラストに目を通し，選択肢の違いを押さえておこう。聴き取りの際は，**物事の様子や位置関係**などに注意するとよい。なお，音声の**同化，連結，脱落**などの英語音の法則を用いた，より自然な発話の聴き取りが求められることもあるので普段から意識しておこう。

第2問　対話文イラスト選択問題

読み上げ英文の分量(2024年度)：30 words 程度／1問

読み上げ平均速度(2024年度)：147 wpm

　形式：短い対話とそれについての問いを聴き取り，その答えとして最も適切なものをイラストを用いた4つの選択肢から1つ選ぶ形式。

ねらい：身の回りの事柄に関して平易な英語で話される短い対話を，場面の情報とイラストを参考にしながら聴き取ることを通じて，必要な情報を把握する力を問うことをねらいとしている。

　特徴：物の形状や種類，位置関係などについて，MWMW(男/女/男/女)，または WMWM(女/男/女/男)の4発話を聴き取り，**含意関係**を理解したり，**情報を取捨選択**したりする力が求められている。なお，それぞれの**場面状況が日本語で記されている**分，聴き取りにおける状況把握の負担は軽減されている。

攻略法 音声を聴く前に対話の場面と選択肢のイラストに目を通し，選択肢の違いを押さえ，聴き取りのポイントを予測しておこう。聴き取りの際は複数の情報を基に，選択肢を絞り込んだり，場合によっては**消去法**を用いたりすると効果的であるので試してみるとよい。

— 5 —

第3問　対話文質問選択問題

読み上げ英文の分量(2024年度)：50 words 程度／1問

読み上げ平均速度(2024年度)：148 wpm

形式：短い対話を聴き取り，日本語で書かれた対話の場面を参考にして，問いの答えとして最も適切なものを英語で書かれた4つの選択肢から1つ選ぶ形式。

ねらい：身の回りの事柄に関して平易な英語で話される短い対話を，場面の情報を参考にしながら聴き取ることを通じて，概要や要点を目的に応じて把握する力を問うことをねらいとしている。

特徴：日常生活での出来事に関して**場面状況が日本語で記されている**ので，それをヒントにしながら MWMWMW(男/女/男/女/男/女)または WMWMWM(女/男/女/男/女/男)の4から7発話の対話文を聴き取り，対話内容の概要や要点を理解することが求められている。

攻略法　音声を聴く前に対話の場面と選択肢に素早く目を通し，対話のポイントを予測しておこう。対話で**聞こえてくる音**を使って誤答の選択肢がつくられていたり，**聞こえてこない音**で正答の選択肢がつくられていたりすることがあるので注意しよう。

第4問A　モノローグ型図表完成問題

読み上げ英文の分量(2024年度)：問18〜21(67 words)／問22〜25(83 words)

読み上げ速度(2024年度)：問18〜21(130 wpm)，問22〜25(106 wpm)

形式：読み上げられる説明を聴き取り，出来事を表したイラストを時系列に並べる形式と，聴き取った複数情報を整理し図表の空所を埋めるのに最も適切なものを6つの選択肢から1つずつ選ぶ形式。なお，問22〜25は選択肢を2回以上使ってもかまわない。

ねらい：必要な情報を聴き取り，図表を完成させたり，分類や並べかえをしたりすることを通じて，話し手の意図を把握する力を問うことをねらいとしている。

特徴：読み上げられる説明を聴き取り，**出来事を時系列に並べる力**や聴き取った**複数情報を整理し，図表を見ながら空所を埋めていく力**が求められている。

攻略法　音声を聴く前に指示文にある場面状況とイラストや図表から聴き取るべき情報を押さえておき，音声を聴きながらイラストや図表に簡単なメモを書き込んでいくとよい。なお，数の聴き取りが出題された場合，**数をメモしておき，必要に応じて聴き取りの後で計算**をすると情報の聞き逃しと計算ミスを防ぐことができる。

第4問B　モノローグ型質問選択問題

読み上げ英文の分量(2024年度)：175 words

読み上げ平均速度(2024年度)：147 wpm

形式：4人の説明を聴き取り，問いの答えとして最も適切なものを英語で書かれた4つの選択肢

から1つ選ぶ形式。

ねらい：複数の情報を聴き，条件に最も合うものを選ぶことを通じて，状況・条件に基づき比較して判断する力を問うことをねらいとしている。

特徴：複数の情報を聴き取り，その情報を状況・条件に基づき**比較し判断する力**や**取捨選択する力**が求められている。

攻略法　音声を聴く前に指示文にある状況・条件を素早く読み，音声を聴きながら図表に〇×を書き込んでいくと効率よく解答ができる。なお，発話者がアメリカ人，イギリス人だけでなく**多国籍**になる傾向にあるのでさまざまな音声に慣れておくとよい。

第5問　モノローグ型長文ワークシート完成・選択問題

読み上げ英文の分量(2024年度)：270 words／58 words

読み上げ速度(2024年度)：112 wpm／113 wpm

形式：講義を聴き取り，ワークシートの空所に入るものや問いの答えとして最も適切なものを英語で書かれた選択肢から選んだり，図表から読み取れる情報と講義全体の内容に合った最も適切なものを英語で書かれた4つの選択肢から1つ選んだりする形式。なお，問28〜31は選択肢を2回以上使ってもかまわない。

ねらい：身近な話題や知識基盤のある社会的な話題に関する講義を聴きメモを取ることを通じて，概要や要点をとらえる力や，聴き取った情報と図表から読み取れる情報を組み合わせて判断する力を問うことをねらいとしている。

特徴：講義を聴き取り，要点を把握しながらワークシートを埋めていく。問27〜31では**ワークシートの完成**が求められ，問32では講義内容の把握が求められている。さらに，問33では講義から聴き取った内容をグラフから読み取った情報に重ね合わせて要点を把握する「**読む**」と「**聞く**」の技能統合力が求められている。

攻略法　音声を聴く前に，**状況と選択肢を素早く読み**，ワークシートの内容をできるだけ素早く理解し，講義の**テーマと展開を予測**しよう。

第6問A　対話文質問選択問題

読み上げ英文の分量(2024年度)：156 words

読み上げ速度(2024年度)：141 wpm

形式：2人の対話を聴き取り，それぞれの話し手についての問いの答えとして最も適切なものを英語で書かれた4つの選択肢から1つ選ぶ形式。

ねらい：身近な話題や馴染みのある社会的な話題に関する対話や議論を聴き，話し手の発話の要点を選ぶことを通じて，必要な情報を把握する力や，それらの情報を統合して要点を整理，判断する力を問うことをねらいとしている。

特徴：発話全体から，**話し手の発話の要点を把握する力**が求められている。

攻略法 音声を聴く前に対話の状況と選択肢に目を通し，対話のポイントを予測しておこう。**繰り返し述べている主張**を意識しながら聴き取ることで，論点を把握することができる。

第6問B　会話長文意見・図表選択問題

読み上げ英文の分量(2024年度)：218 words

読み上げ速度(2024年度)：128 wpm

　形式：4人の会話を聴き取り，ある特定の意見に賛成している話し手を英語で書かれた4つの選択肢から1つ選ぶ形式。および，ある特定の話し手の意見を最もよく表している図表を4つの選択肢から1つ選ぶ形式。

ねらい：身近な話題や馴染みのある社会的な話題に関する会話や議論を聴き，それぞれの話し手の立場を判断し，意見を支持する図表を選ぶことを通じて，必要な情報を把握する力や，それらの**情報を統合して要点を整理，判断する力**を問うことをねらいとしている。

　特徴：**意見と事実を区別し**，それぞれの話し手が**賛成の立場か反対の立場かを判断する力**と，意見に合う**図表を判断する力**が求められている。

攻略法 発話数の多い長めの会話が出題される傾向にあるので，音声を聴く前に会話の状況と選択肢，図表に目を通し，ポイントを予測し，図表のタイトルを素早く読み取っておくと聴き取りに余裕が持てる。誰の発言なのか，議論のテーマに対して賛成なのか反対なのかを正確に聴き取り，**複数情報を比較したり判断したりする力**が求められるので，長めの会話文を繰り返し聴き取ることで対策ができる。

2024年度共通テスト本試験リスニング　出題内容一覧

24本試	分野	配点	読み上げ回数	語数(本文/設問)	テーマ	難易度
第1問	A　短文発話内容一致問題	4	2	13/20	問1　忘れ物しちゃった	易
		4		14/28	問2　今度は私がおごるわ	易
		4		18/44	問3　道案内	やや易
		4		16/23	問4　料理が足りない	普通
	B　短文発話イラスト選択問題	3		8/0	問5　季節の風景	易
		3		15/0	問6　犬と男の子	易
		3		17/0	問7　扇風機の色と形状と値段	易
第2問	対話文イラスト選択問題	4		30/5	問8　君の猫はどれ？	易
		4		26/8	問9　どの子が君？	易
		4		28/6	問10　家に置き忘れた封筒	易
		4		35/7	問11　レストランの席の予約	易

第3問	対話文質問選択問題	3	1	48/23	問12	マイカップ持参で飲み物割引	普通
		3		54/25	問13	楽器の購入	易
		3		48/31	問14	初めての古着屋	普通
		3		51/33	問15	引っ越しの準備	普通
		3		49/26	問16	明日の予定	普通
		3		50/33	問17	勘違いした宿題	やや易
第4問	A　モノローグ型図表完成問題	4（完答）		67/0（図表0）	問18 問19 問20 問21	遊園地での一日	易
		1		83/9（図表21）	問22	大学の夏季講座スケジュール	易
		1			問23		やや易
		1			問24		易
		1			問25		やや易
	B　モノローグ型質問選択問題	4		175/16（図表15）	問26	文化祭の出し物	やや易
第5問	モノローグ型長文ワークシート完成・選択問題	3	1	270/81（図表24）	問27	ガラスに関する講義	普通
		2（完答）			問28 問29		難
		2（完答）			問30 問31		難
		4			問32		普通
		4		58/82（図表19）	問33		普通
第6問	A　対話文質問選択問題	3		156/76	問34	旅行の移動手段について	やや易
		3			問35		やや易
	B　会話長文意見・図表選択問題	4		218/6（図表57）	問36	運動を始めることについて	やや易
		4			問37		易
合　計		100		1,547/582			

学習対策

　大学入学共通テスト英語(リスニング)では，選択肢を素早く読み取り，情報を整理する力に加え，図表やワークシートなどを正しく読み取り，聴き取った情報と重ね合わせて判断する力が求められている。

　高得点を取るためには，普段から英語の音声に親しみ，模擬試験などを用いた繰り返しの練習は欠かせない。以下に学習対策の設問別ポイントを記しておく。

- ■第1問A　直接表現はしていないが，その意味を内蔵している含意関係を考えたり，状況を1文で言い換えたりする練習。
- ■第1問B　語彙の正確な意味や「時制」，「比較」などの基礎的な文法を音声で理解する練習。
- ■第2問　　場面の情報を参考にし，イラストを見ながら必要な情報を聴き取る練習。
- ■第3問　　場面の情報を参考にしながら，概要や要点を目的に応じて把握する練習。
- ■第4問A　出来事の順番を把握したり，比較表現を聴き取ったり，複数情報を整理したりする練習。(なお，数字や数の表現を聴き取り比較したり，単純な計算をしたりする練習もしておくとよい)
- ■第4問B　複数の情報を聴き，状況・条件に基づき比較し判断する練習。
- ■第5問　　社会的な話題に関する英文を聴き，聴き取った情報を図表から読み取った情報と組み合わせて判断する練習。
- ■第6問A　必要な情報を把握し，それらの情報を統合して要点を整理し判断する練習。
- ■第6問B　複数の話し手の意見を比較検討し，賛成や反対，類似点や相違点を判断する練習。

　聴き取り練習では，まずスクリプトを見ずに読み上げられる英文の音声に注意を集中し，**話の流れが理解できる**まで繰り返し聴いてみよう。慣れてきたら，今度はスクリプトを見ながら読み上げられる音声に自分の音声をかぶせるように読んでいく**オーバーラッピング**や正確に速く復唱する**シャドーイング**を試してみるとよい。また，ポイントとなる箇所を書き取る**ディクテーション**などを練習に取り入れると効果的な学習ができる。

　「全部，完璧に聴き取れなければならない」と思う必要はない。英語の音(オン)を怖がらず，繰り返し英語を聴き，声に出す練習をすることが大切である。

英語(リスニング)の音声は，ダウンロードして利用することと，そのまま配信サイトから聴くことができます。

音声のダウンロードについて

パソコンから下記のURLにアクセスしてください。

https://www.kawai-publishing.jp/onsei/03/index.html

※ホームページより直接スマートフォンへのダウンロードはできません。パソコンにダウンロードしていただいた上で，スマートフォンへお取り込みいただきますよう，お願いいたします。

・ファイルはZIP形式で圧縮されていますので，解凍ソフトが必要です。
・ファイルはMP3形式の音声です。再生するには，Windows Media PlayerやiTunesなどの再生ソフトが必要です。
・5101〜5445，51A，52A，53A，54Aの全184ファイル構成となっています。
・掲載されている音声ファイルのデータは著作権法で保護されています。データを使用できるのは，本教材の購入者がリスニングの学習を目的とする場合に限られます。

音声の配信について

パソコンやスマートフォンから下記のURLにアクセスしてください。
QRコードからも読み取りいただけます。

https://www.kawai-publishing.jp/onsei/03/index.html

・ファイルはMP4形式の音声です。再生するには，最新版のOSをご利用ください。
・掲載されている音声ファイルのデータは著作権法で保護されています。データを使用できるのは，本教材の購入者がリスニングの学習を目的とする場合に限られます。

<注意>
(1) 当サイトに掲載されている音声ファイルのデータは著作権法で保護されています。本データあるいはそれを加工したものを複製・譲渡・配信・販売することはできません。
(2) お客様のパソコンやネット環境により音声を再生できない場合，当社は責任を負いかねます。ご理解とご了承をいただきますよう，お願いいたします。
(3) ダウンロードや配信サイトから聴くことができるのは，2026年3月までの期間です。

第 1 回

── 問題を解くまえに ──

◆ 本問題は100点満点です。

◆ 問題解答時間は30分です。

◆ 問題を解いたら必ず自己採点により学力チェックを行い，解答・解説，学習対策を参考にしてください。

◆ 以下は，'23全統共通テスト高2模試の結果を表したものです。

人　　　数	119,860
配　　　点	100
平　均　点	54.3
標　準　偏　差	18.1
最　高　点	100
最　低　点	0

$\left(\text{解答番号}\boxed{1}\sim\boxed{37}\right)$

第1問 (配点 25) <u>音声は2回流れます。</u>

第1問はAとBの二つの部分に分かれています。

A 　第1問Aは問1から問4までの4問です。英語を聞き，それぞれの内容と最も よく合っているものを，四つの選択肢 $\left(\text{①}\sim\text{④}\right)$ のうちから一つずつ選びなさい。

問1 　$\boxed{1}$

① The speaker is asking Rob to get some eggs.

② The speaker is asking Rob to make dinner for her.

③ The speaker is eating dinner with Rob now.

④ The speaker is going to buy some eggs for Rob.

問2 　$\boxed{2}$

① The speaker finished the English homework.

② The speaker finished the history homework.

③ The speaker is doing the English homework now.

④ The speaker is doing the history homework now.

― 4 ―

― 14 ―

第 1 回

問 3 | 3 |

① The speaker painted a picture of a dog.

② The speaker received a painting of a dog.

③ The speaker's cousin got a painting of a dog.

④ The speaker's cousin took a picture of a dog.

問 4 | 4 |

① Fifteen uniforms have already been cleaned.

② Fifteen uniforms will be cleaned later.

③ Five more uniforms need cleaning later.

④ Five uniforms have already been cleaned.

これで第１問Ａは終わりです。

— 5 —

B 第1問Bは問5から問7までの3問です。英語を聞き，それぞれの内容と最もよく合っている絵を，四つの選択肢（①〜④）のうちから一つずつ選びなさい。

問5　⎿ 5 ⏌

問6

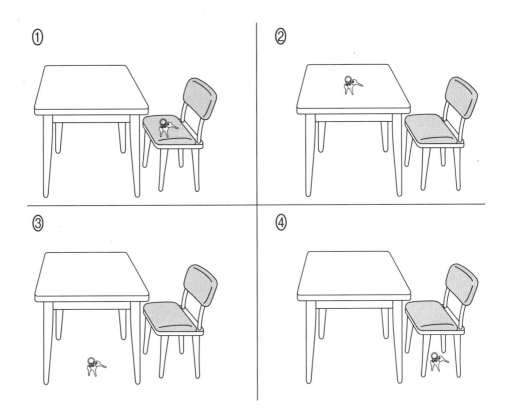

問 7　7

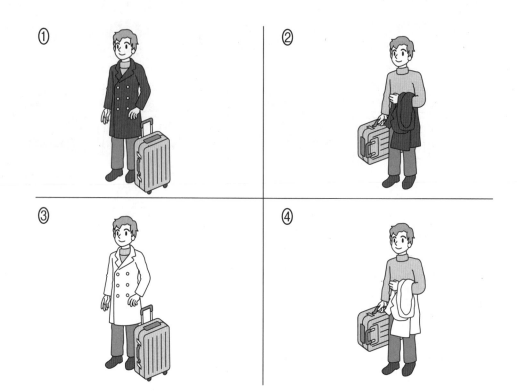

これで第１問Ｂは終わりです。

第２問 （配点　16）　音声は２回流れます。

第２問は問８から問11までの４問です。それぞれの問いについて，対話の場面が日本語で書かれています。対話とそれについての問いを聞き，その答えとして最も適切なものを，四つの選択肢（①〜④）のうちから一つずつ選びなさい。

問８　空港の手荷物受取所で，預けた荷物を取ろうとしています。　8

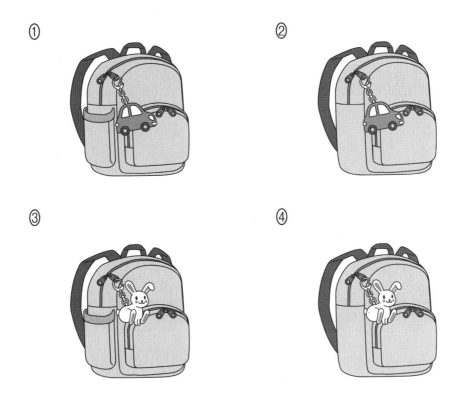

問 9 男性が昼食に買ったものについて話をしています。 9

① ②

③ ④

— 10 —

— 20 —

問10 時計店で，客が店員と話をしています。 10

問11　キャンプ場の地図を見ながら話をしています。　11

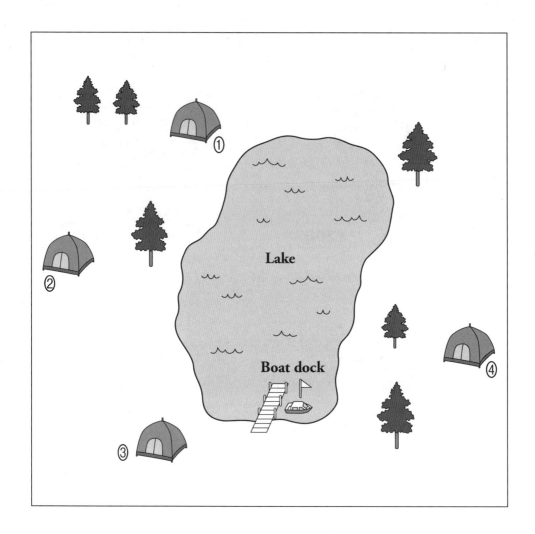

これで第2問は終わりです。

第1回

第3問 （配点 18）　**音声は1回流れます。**

第3問は問12から問17までの6問です。それぞれの問いについて，対話の場面が日本語で書かれています。対話を聞き，問いの答えとして最も適切なものを，四つの選択肢（①～④）のうちから一つずつ選びなさい。（問いの英文は書かれています。）

問12　男性が，博物館への行き方を尋ねています。

What will the man do first?　12

① Ride a bus

② Ride a train

③ Take a taxi

④ Take the subway

問13　遊園地で，友人同士が話をしています。

What will they do now?　13

① Eat lunch while waiting

② Ride on the roller coaster

③ Visit the haunted house

④ Wait for the Ferris wheel

問14　友人同士が，放課後に話をしています。

What did the girl do yesterday?　14

① She got tickets for a concert.

② She read a book at home.

③ She stayed home to study.

④ She went to see a concert.

— 13 —

問15　女性が，友人のアパートを訪れて話をしています。

What is true about the fish tank?　15

① It has no fish in it yet.

② It is as durable as plastic.

③ It is big enough for ten fish.

④ It takes a week to clean.

問16　同僚同士が話をしています。

What will the woman do?　16

① Buy food from a vending machine

② Go to the cafeteria with the man

③ Skip lunch today to save money

④ Stop by a convenience store

問17　大学生同士が，どこに住むか話をしています。

What is the man going to do?　17

① Look at shared houses

② Move to a dormitory

③ Move to an apartment

④ Rent a room from the woman

これで第3問は終わりです。

第4問 （配点 12） 音声は1回流れます。

第4問はAとBの二つの部分に分かれています。

A 　第4問Aは問18から問25までの8問です。話を聞き，それぞれの問いの答えとして最も適切なものを，選択肢から選びなさい。**問題文と図表を読む時間が与えられた後，音声が流れます。**

問18～21　あなたは，大学の授業で配られたワークシートのグラフを完成させようとしています。先生の説明を聞き，四つの空欄　18　～　21　に入れるのに最も適切なものを，四つの選択肢（①～④）のうちから一つずつ選びなさい。

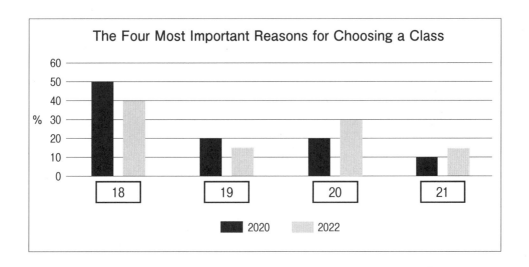

① Class hours
② Friends
③ Teachers
④ Term papers

問22〜25 あなたが留学している高校が，リサイクルアートのコンテストに参加しました。結果と賞品に関する主催者の話を聞き，次の表の四つの空欄 22 〜 25 に入れるのに最も適切なものを，六つの選択肢（①〜⑥）から一つずつ選びなさい。選択肢は2回以上使ってもかまいません。

Mayville Recycled Art Contest: Summary of the Results

Schools	Recycled materials	Creative ideas	Final rank	Prize
Lincoln High	1st	3rd	2nd	22
North High	3rd	4th	4th	23
Southwest High	4th	2nd	3rd	24
Valley High	2nd	1st	1st	25

① Coupon

② Gift card

③ Trophy

④ Coupon, Gift card

⑤ Coupon, Trophy

⑥ Gift card, Trophy

これで第４問Ａは終わりです。

— 16 —

第1回

B 第4問Bは問26の1問です。話を聞き，示された条件に最も合うものを，四つの選択肢（①～④）のうちから一つ選びなさい。後の表を参考にしてメモを取ってもかまいません。**状況と条件を読む時間が与えられた後，音声が流れます。**

状況

あなたは，交換留学先の高校で，環境クラブのリーダーを選出する前に，四人の候補者の演説を聞いています。

あなたが考えている条件

　A．他の国の若者と意見交換すること

　B．地域のボランティア活動に参加すること

　C．講師を招いた講演会を主催すること

	Candidates	Condition A	Condition B	Condition C
①	Daisuke			
②	Elena			
③	Omar			
④	Wendy			

問26 　26 　is the candidate you are most likely to choose.

① Daisuke

② Elena

③ Omar

④ Wendy

これで第4問Bは終わりです。

— 17 —

第5問 (配点 15) 音声は1回流れます。

第5問は問27から問33までの7問です。

最初に講義を聞き，問27から問32に答えなさい。次に続きを聞き，問33に答えなさい。**状況，ワークシート，問い及び図表を読む時間が与えられた後，音声が流れます。**

状況

あなたは大学で，アメリカに生息しているクロクマに関する講義を，ワークシートにメモを取りながら聞いています。

ワークシート

Black Bears in America

◇ **General Information**
- Size: about 250 kg on average
- Characteristics: [27]
- Habitat: forests with many plants

◇ **Threats to Bears**

Threat 1: Natural Causes
- loss of [28] from climate change
- not enough [29] to let them sleep during the winter

Threat 2: Conflicts with Humans
- hit by [30]
- hunted for food
- killed for damaging [31] or attacking farm animals

第 1 回

問27　ワークシートの空欄　27　に入れるのに最も適切なものを，四つの選択肢
（①〜④）のうちから一つ選びなさい。

① aggressive with people

② clever and able to adapt easily

③ shy and not very strong

④ smart with a keen sense of smell

問28〜31　ワークシートの空欄　28　〜　31　に入れるのに最も適切なものを，
六つの選択肢（①〜⑥）のうちから一つずつ選びなさい。選択肢は2回以上使っ
てもかまいません。

① crops　　　　　　② food　　　　　　③ forests

④ memory　　　　　⑤ trash cans　　　⑥ vehicles

問32　講義の内容と一致するものはどれか。最も適切なものを，四つの選択肢（①〜
④）のうちから一つ選びなさい。　32

① Black bears must eat a lot of meat and fish to survive the winter.

② Black bears need to eat a lot, so they often hide food for the winter.

③ Human beings have to find ways to live in harmony with black bears.

④ If black bears eat human trash and pet food, they can become unhealthy.

第5問はさらに続きます。

— 19 —

問33 グループの発表を聞き，次の図から読み取れる情報と講義全体の内容からどのようなことが言えるか，最も適切なものを，四つの選択肢(①~④)のうちから一つ選びなさい。 33

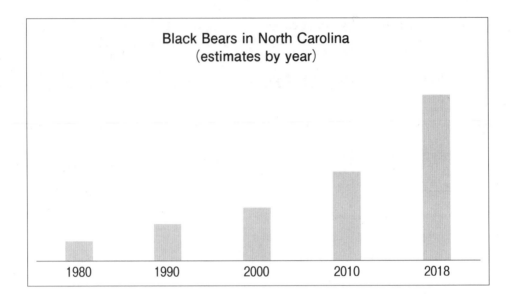

① Black bear populations in North Carolina are growing partly because they're fed by people.
② Black bears in North Carolina no longer have interactions with human beings.
③ Fewer black bears are hit by cars in North Carolina since people drive carefully.
④ The number of black bears in North Carolina is larger than that in other regions.

これで第5問は終わりです。

第1回

第6問 (配点 14) 音声は1回流れます。

第6問はAとBの二つの部分に分かれています。

A 　第6問Aは問34・問35の2問です。二人の対話を聞き，それぞれの問いの答えとして最も適切なものを，四つの選択肢(①~④)のうちから一つずつ選びなさい。(問いの英文は書かれています。)状況と問いを読む時間が与えられた後，音声が流れます。

状況

Alice と Dan が，夕食について話をしています。

問34　**Which statement would Alice agree with the most?** 　34

① Delivery food is of better quality than restaurant food.

② Delivery services have more food choices than restaurants.

③ It is faster to eat at a restaurant than wait for delivery food.

④ The convenience of a delivery service is worth the expense.

問35　**Which statement best describes Dan's opinion about a delivery service by the end of the conversation?** 　35

① It is of low quality.

② It is quite expensive.

③ It is time-consuming.

④ It is wise and practical.

これで第6問Aは終わりです。

— 21 —

— 31 —

B 　第6問Bは問36・問37の2問です。会話を聞き，それぞれの問いの答えとして最も適切なものを，選択肢のうちから一つずつ選びなさい。後の表を参考にしてメモを取ってもかまいません。**状況と問いを読む時間が与えられた後，音声が流れます**。

状況

同じ学生寮に住む四人の学生(Cliff, Fiona, Nathan, Yumi)が，勉強のやり方について意見交換をしています。

Cliff	
Fiona	
Nathan	
Yumi	

問36　会話が終わった時点で，**友人と一緒に勉強することに賛成した人**を，四つの選択肢(①~④)のうちから一つ選びなさい。　36

① 　Fiona
② 　Nathan
③ 　Cliff, Yumi
④ 　Fiona, Yumi

― 22 ―

問37 会話を踏まえて，Cliff の発言の根拠となる図表を，四つの選択肢（①〜④）のうちから一つ選びなさい。 37

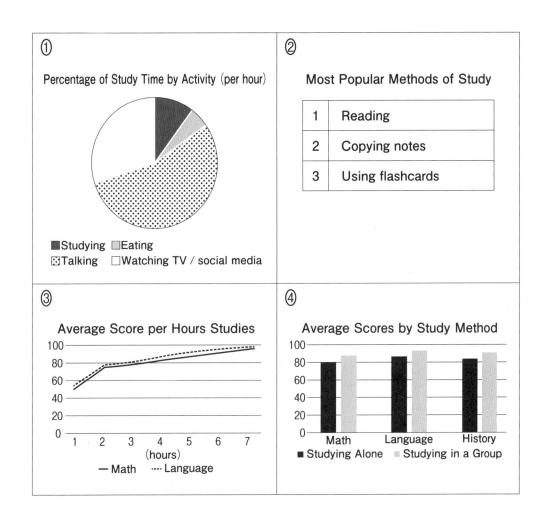

これで第6問Bは終わりです。

第 2 回

― 問題を解くまえに ―

◆ 本問題は100点満点です。次の対比表を参考にして，**目標点**を立てて
解答しなさい。

共通テスト 換算得点	36以下	37〜48	49〜62	63〜71	72〜79	80〜84	85以上
偏差値 ➡		37.5	42.5	47.5	52.5	57.5	62.5	
得 点	28以下	29〜36	37〜45	46〜53	54〜61	62〜69	70以上

［注］ 上の表の，
「共通テスト換算得点」は，'22年度全統共通テスト模試と'23年度大学入学共通テストとの
相関をもとに得点を換算したものです。
「得点」帯は，'23第1回全統共通テスト模試の結果より推計したものです。

◆ 問題解答時間は30分です。

◆ 問題を解いたら必ず自己採点により学力チェックを行い，解答・解説，
学習対策を参考にしてください。

◆ 以下は，'23第1回全統共通テスト模試の結果を表したものです。

人　　　数	198,485
配　　　点	100
平　均　点	49.2
標　準　偏　差	16.2
最　高　点	100
最　低　点	0

$\left(\text{解答番号} \boxed{1} \sim \boxed{37} \right)$

第1問 (配点 25) **音声は2回流れます。**

第1問はAとBの二つの部分に分かれています。

A 第1問Aは**問**1から**問**4までの4問です。英語を聞き，それぞれの内容と最もよく合っているものを，四つの選択肢（①～④）のうちから一つずつ選びなさい。

問1 $\boxed{1}$

① The speaker wants to go home.
② The speaker wants to have a rest.
③ The speaker wants to keep walking.
④ The speaker wants to see a doctor.

問2 $\boxed{2}$

① The speaker is asking when the concert will be held.
② The speaker is deciding which concert to attend.
③ The speaker is inviting Mary to a concert.
④ The speaker is walking in the park with Mary.

— 4 —

第 2 回

問 3　3

① Adam called his company about the problem.

② Adam found a solution to the problem himself.

③ Adam returned the computer he had borrowed.

④ Adam stopped working online from home.

問 4　4

① Cathy gave the speaker a book last week.

② Cathy got a book back from the speaker.

③ The speaker will not borrow a dictionary from Cathy.

④ The speaker will not lend Cathy his dictionary.

これで第 1 問 A は終わりです。

|B| 第1問Bは問5から問7までの3問です。英語を聞き，それぞれの内容と最もよく合っている絵を，四つの選択肢(①〜④)のうちから一つずつ選びなさい。

問 5 5

問6 6

問 7 7

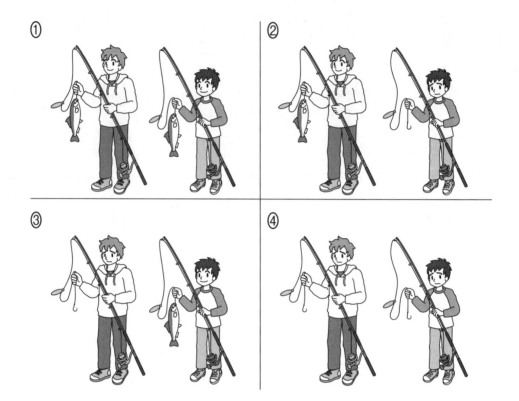

これで第１問Ｂは終わりです。

第２問 （配点 16） 音声は２回流れます。

第２問は問８から問11までの４問です。それぞれの問いについて，対話の場面が日本語で書かれています。対話とそれについての問いを聞き，その答えとして最も適切なものを，四つの選択肢（①～④）のうちから一つずつ選びなさい。

問８　学生が課題を提出しようとしています。　8

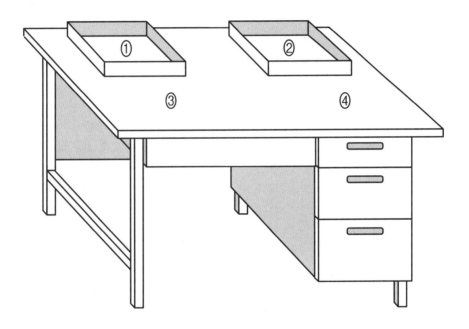

問 9　何を買うか話をしています。　9

①

②

③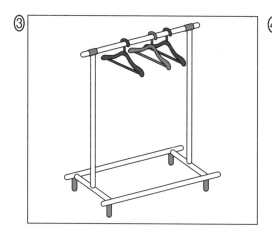

④

問10 友人同士が，イベントの準備について話をしています。 10

①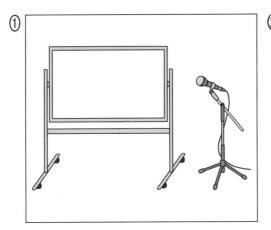
②
③
④

問11 レストランで，女性がウェイターに質問しています。 11

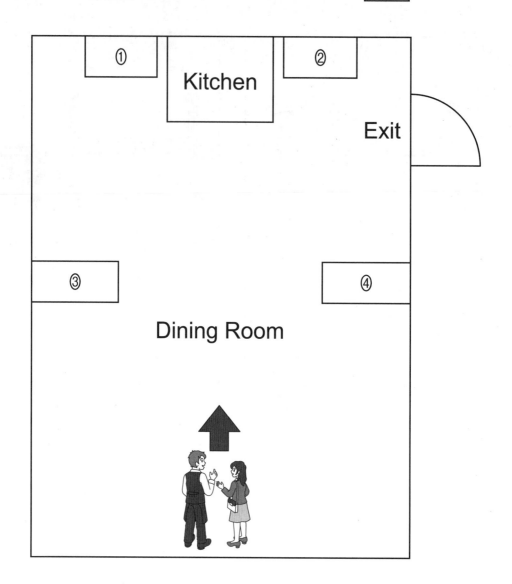

これで第２問は終わりです。

第2回

第3問 (配点 18) 音声は1回流れます。

第3問は問12から問17までの6問です。それぞれの問いについて，対話の場面が日本語で書かれています。対話を聞き，問いの答えとして最も適切なものを，四つの選択肢(①~④)のうちから一つずつ選びなさい。(問いの英文は書かれています。)

問12 生徒同士が，授業について話をしています。

Which is true according to the conversation? 　12

① The boy has already worked on his history report.

② The boy is well prepared for the chemistry test.

③ The girl didn't know about the schedule change.

④ The girl didn't study hard for the chemistry test.

問13 店の中で，友人同士が話をしています。

What did the man do? 　13

① He convinced the woman to buy different soap.

② He decided to buy a new brand of soap.

③ He mistook one type of soap for another.

④ He suggested buying a cheaper brand of soap.

問14 居間で，兄が妹と話をしています。

What got damaged by the rain? 　14

① A book

② A phone

③ A tablet

④ An umbrella

— 13 —

— 45 —

問15　テーマパークで，友人同士が話をしています。

What are they going to do now?　15

① Book a table for dinner

② Go to a restaurant

③ Leave the park

④ Start going on rides

問16　女性が男性と話をしています。

What will the man do on Saturday morning?　16

① Eat some pizza

② Go to work

③ Help clean the house

④ Move to a new place

問17　ホテルで，夫婦が話をしています。

What does the woman think about the hotel?　17

① The atmosphere is calm and relaxing.

② The hotel room is not warm enough.

③ The manager is quite nice and helpful.

④ The pool is neither comfortable nor safe.

これで第3問は終わりです。

－ 14 －

第 4 問 （配点 12） 音声は1回流れます。

第4問はAとBの二つの部分に分かれています。

A 第4問Aは**問**18から**問**25までの8問です。話を聞き，それぞれの問いの答えとして最も適切なものを，選択肢から選びなさい。**問題文と図表を読む時間が与えられた後，音声が流れます。**

問18〜21 友人が，週末にあった出来事について話しています。話を聞き，その内容を表した四つのイラスト（①〜④）を，出来事が起きた順番に並べなさい。

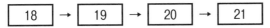

問22〜25 あなたは，留学先で，週末に行われる教育フェアの手伝いをしています。話を聞き，次の表の四つの空欄 | 22 | 〜 | 25 | に入れるのに最も適切なものを，五つの選択肢（①〜⑤）のうちから一つずつ選びなさい。選択肢は2回以上使ってもかまいません。

Lectures	Number of Guests	Room
Become a Math Expert	56	22
Find Time for Art in Your Life	24	
How to Take the Entrance Exam	79	23
The Importance of Volunteer Work	88	24
How to Apply to Universities	46	25
Writing Your College Essays	112	

① Room 1

② Room 2

③ Room 3

④ Room 4

⑤ Main Hall

これで第4問Aは終わりです。

第2回

B 第4問Bは問26の1問です。話を聞き，示された条件に最も合うものを，四つの選択肢（①〜④）のうちから一つ選びなさい。後の表を参考にしてメモを取ってもかまいません。**状況と条件を読む時間が与えられた後，音声が流れます。**

状況

あなたは，交換留学先の高校で，キャンプ旅行に出かける前に，四人の友人が推薦するテントの説明を聞いています。

あなたが考えている条件

A．簡単に組み立てられること

B．暑い日でも寒い日でも使えること

C．防水仕様であること

	Tent names	Condition A	Condition B	Condition C
①	Comfortable Shell			
②	Deep Woods Home			
③	Trail Master Ultra			
④	World Explorer			

問26 [26] is the tent you are most likely to choose.

① Comfortable Shell

② Deep Woods Home

③ Trail Master Ultra

④ World Explorer

これで第4問Bは終わりです。

— 17 —

第５問 （配点 15） 音声は１回流れます。

第５問は**問**27 から**問**33 までの７問です。

最初に講義を聞き，**問**27 から**問**32 に答えなさい。次に続きを聞き，**問**33 に答えなさい。状況，ワークシート，問い及び図表を読む時間が与えられた後，音声が流れます。

状況

あなたは大学で，服装規定(dress codes)に関する講義を，ワークシートにメモを取りながら聞いています。

ワークシート

Dress Codes

◇ **What Is a "Dress Code"?**

　◆ Definition of a "dress code": 〔　27　〕

◇ **Dress Codes for Students**

　◆ Purpose: Teaching students to separate personal and professional lives

◇ **Dress Codes for Adults**

　◆ Smart casual: more relaxed and comfortable

　　　　　　perfect for 28

　◆ Dress casual: comfortable and formal

　　　　　　perfect for 29

◇ **Dress Codes for Schools and Businesses**

　◆ Schools with stricter dress codes expect higher 30 .

　◆ Businesses with more formal clothing require higher 31 .

問27 ワークシートの空欄 27 に入れるのに最も適切なものを，四つの選択肢（①〜④）のうちから一つ選びなさい。

① General rules about what clothes to wear
② Guidelines for what formal dresses are
③ Special regulations for school uniforms
④ Unwritten rules for some kinds of clothing

問28〜31 ワークシートの空欄 28 〜 31 に入れるのに最も適切なものを，六つの選択肢（①〜⑥）のうちから一つずつ選びなさい。選択肢は2回以上使ってもかまいません。

① achievement   ② education   ③ private events
④ resources   ⑤ social gatherings ⑥ work

問32 講義の内容と一致するものはどれか。最も適切なものを，四つの選択肢（①〜④）のうちから一つ選びなさい。 32

① Having strict dress codes leads to increased academic success.
② It is suggested that you dress properly according to the occasion.
③ Strict dress codes can interfere with people working effectively.
④ There's a close relationship between performance at school and at work.

第5問はさらに続きます。

問33 講義の続きを聞き，**次の図から読み取れる情報と講義全体の内容から**どのようなことが言えるか，最も適切なものを，四つの選択肢（①〜④）のうちから一つ選びなさい。 33

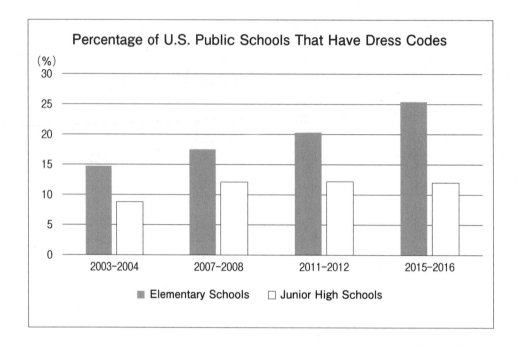

① More U.S. public schools are allowing students to choose whether to wear uniforms or not.

② More U.S. public schools are realizing that wearing uniforms improves academic performance.

③ U.S. public school students are not at all affected by either uniforms or dress codes.

④ U.S. public school students study harder when they are allowed to wear whatever they choose.

これで第5問は終わりです。

第2回

第6問 （配点 14） **音声は1回流れます。**

第6問は**A**と**B**の二つの部分に分かれています。

A　第6問**A**は問34・問35の2問です。二人の対話を聞き，それぞれの問いの答えとして最も適切なものを，四つの選択肢（①～④）のうちから一つずつ選びなさい。（問いの英文は書かれています。）**状況と問いを読む時間が与えられた後，音声が流れます。**

状況

Amy と Luke が，ペットの飼育について話をしています。

問34　**Which statement would Amy agree with the most?**　 34

① A dog and a cat usually don't run around and play together.

② A pet's emotional health must be considered at all times.

③ Owning a pet is a responsibility with many things to consider.

④ Some pets would rather be alone than socializing with animals.

問35　**Which decision will Luke make about his dog after the conversation?**
 35

① To get a cat for it

② To get another dog for it

③ To give it to a friend

④ To stay with it alone

これで第6問**A**は終わりです。

― 21 ―

B 　第6問Bは**問36・問37**の2問です。会話を聞き，それぞれの問いの答えとして最も適切なものを，選択肢のうちから一つずつ選びなさい。後の表を参考にしてメモを取ってもかまいません。**状況と問いを読む時間が与えられた後，音声が流れます。**

状況

　四人の学生(Ken, Lauren, Mark, Nancy)が，夏休みについて話し合っています。

Ken	
Lauren	
Mark	
Nancy	

問36　会話が終わった時点で，**夏休みは長くなくていいと考えた人**を，四つの選択肢(①～④)のうちから一つ選びなさい。　36

① 　Lauren

② 　Ken

③ 　Lauren, Nancy

④ 　Mark, Nancy

― 22 ―

問37 会話を踏まえて，Nancy の考えの根拠となる図表を，四つの選択肢（①～④）のうちから一つ選びなさい。 37

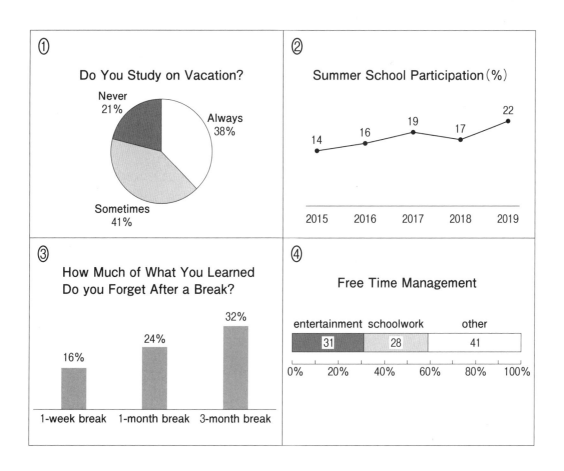

これで第6問Bは終わりです。

第 3 回

―――― 問題を解くまえに ――――

◆　本問題は100点満点です。次の対比表を参考にして，**目標点**を立てて解答しなさい。

共通テスト換算得点	38以下	39～50	51～61	62～70	71～78	79～84	85以上
偏差値 ➡		37.5	42.5	47.5	52.5	57.5	62.5
得　点	33以下	34～42	43～51	52～60	61～69	70～78	79以上

〔注〕　上の表の，

　　　「共通テスト換算得点」は，'22年度全統共通テスト模試と'23年度大学入学共通テストとの相関をもとに得点を換算したものです。

　　　「得点」帯は，'23第2回全統共通テスト模試の結果より推計したものです。

◆　問題解答時間は30分です。

◆　問題を解いたら必ず自己採点により学力チェックを行い，解答・解説，学習対策を参考にしてください。

◆　以下は，'23第2回全統共通テスト模試の結果を表したものです。

人　　　数	313,931
配　　　点	100
平　均　点	55.9
標準偏差	17.8
最　高　点	100
最　低　点	0

$\left(\text{解答番号}\boxed{\ 1\ }\sim\boxed{\ 37\ }\right)$

第 1 問 （配点 25） **音声は 2 回流れます。**

第 1 問は**A**と**B**の二つの部分に分かれています。

A　　第 1 問**A**は**問 1** から**問 4** までの 4 問です。英語を聞き，それぞれの内容と最も
よく合っているものを，四つの選択肢（**①**～**④**）のうちから一つずつ選びなさい。

問 1　　$\boxed{\ 1\ }$

① The speaker didn't leave her coat at home yesterday.

② The speaker didn't take her coat yesterday.

③ The speaker forgot her coat yesterday.

④ The speaker wore her coat for warmth yesterday.

問 2　　$\boxed{\ 2\ }$

① The speaker is asking Steve to buy a train ticket.

② The speaker is buying a train ticket for Steve.

③ The speaker will go to buy a train ticket herself.

④ The speaker will wait on the platform for Steve.

第3回

問 3　3

① The speaker bought a sandwich to eat.

② The speaker has already eaten lunch.

③ The speaker made herself a sandwich.

④ The speaker will buy lunch at the store.

問 4　4

① Nick already took a shower this morning.

② Nick did not take a shower this morning.

③ Nick seldom takes a shower in the morning.

④ Nick woke up early, as usual, to take a shower.

これで第 1 問 A は終わりです。

— 5 —

B 第1問Bは問5から問7までの3問です。英語を聞き，それぞれの内容と最もよく合っている絵を，四つの選択肢（①～④）のうちから一つずつ選びなさい。

問5　5

問 6

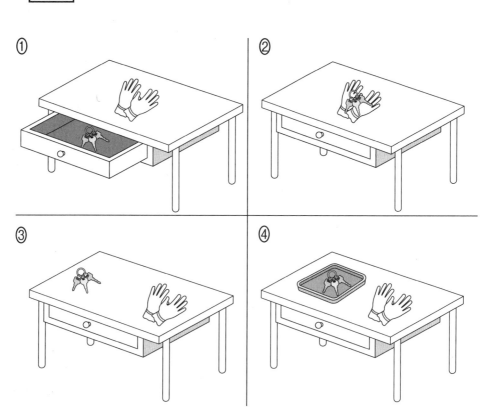

問7 7

①

②

③

④

これで第1問Bは終わりです。

第2問 (配点 16) 音声は2回流れます。

第2問は問8から問11までの4問です。それぞれの問いについて，対話の場面が日本語で書かれています。対話とそれについての問いを聞き，その答えとして最も適切なものを，四つの選択肢（①〜④）のうちから一つずつ選びなさい。

問8 ドラッグストアで，店員と客が会話をしています。 8

問 9　洋菓子店で，店員と客が会話をしています。　9

①

②

③

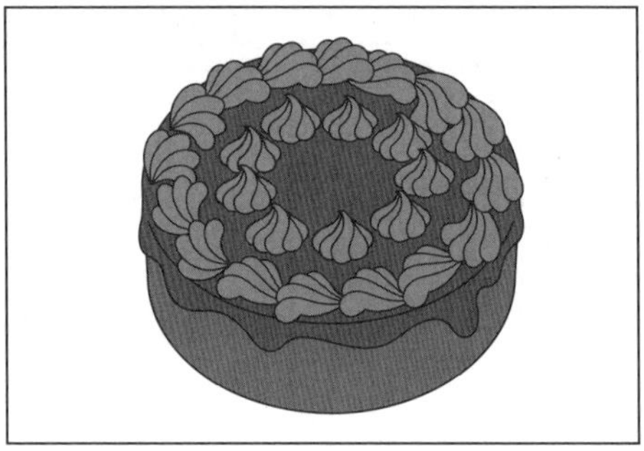

④

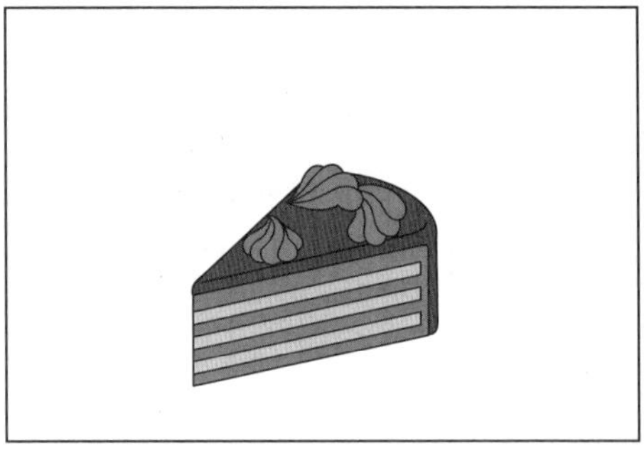

問10 息子が，母親にメニューの記号について尋ねています。　10

① ②

③ ④

問11 友人同士が，講演会場の座席表を見ながら，座る場所を決めています。

11

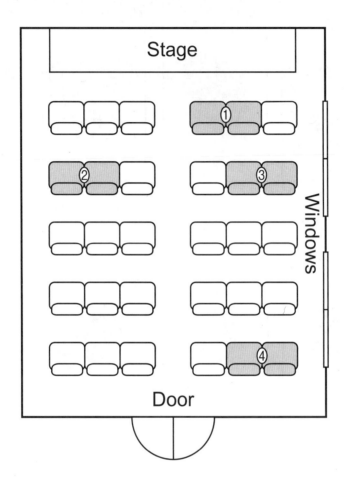

これで第2問は終わりです。

第3回

第3問 (配点 18) 音声は1回流れます。

第3問は問12から問17までの6問です。それぞれの問いについて，対話の場面が日本語で書かれています。対話を聞き，問いの答えとして最も適切なものを，四つの選択肢(①～④)のうちから一つずつ選びなさい。(問いの英文は書かれています。)

問12 学校で，友人同士が話をしています。

What is the woman likely to do? 　12

① Borrow a book from the library

② Buy a book she needs for class

③ Look for a book on the internet

④ Read a book online for class

問13 男性がレストランの席の予約を取っています。

What time is the man's reservation? 　13

① 1:00 p.m.

② 5:00 p.m.

③ 7:00 p.m.

④ 9:00 p.m.

問14 職場で，女性が男性と話をしています。

What is the woman likely to do? 　14

① Ask the man to finish her section of the work

② Change the time of her dental appointment

③ Get all the rest of the project done tomorrow

④ Work at home after going to the dentist's

— 13 —

問15　友人同士が，週末の予定について話をしています。

What is the woman disappointed at?　15

① That her plan will not work out.

② That she already went to the spa.

③ That the man cannot go with her.

④ That the man does not like her idea.

問16　証明写真ボックスの前で，友人同士が話をしています。

What was the boy worried about?　16

① The color of the background

② The location of the buttons

③ The number of options

④ The size of the photos

問17　男性が女性に話しかけています。

What did the woman think about the science museum?　17

① She enjoyed the volcano exhibit the most.

② She was sorry she had missed the best part.

③ The displays didn't meet her expectations.

④ The special exhibit was too expensive.

これで第3問は終わりです。

－ 14 －

第3回

第4問 (配点 12) 音声は1回流れます。

第4問はAとBの二つの部分に分かれています。

A 　第4問Aは問18から問25までの8問です。話を聞き，それぞれの問いの答えとして最も適切なものを，選択肢から選びなさい。**問題文と図表を読む時間が与えられた後，音声が流れます。**

問18〜21　あなたは，大学の授業で配られたワークシートのグラフを完成させようとしています。先生の説明を聞き，四つの空欄 18 〜 21 に入れるのに最も適切なものを，四つの選択肢（①〜④）のうちから一つずつ選びなさい。

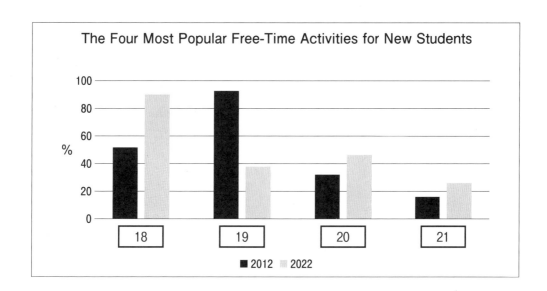

① Art
② Entertainment
③ Outdoor activities
④ Team sports

問22～25 あなたは，留学先のコミュニティセンターで，医薬品や衛生用品の整理を手伝っています。話を聞き，次の表の四つの空欄 22 ～ 25 に入れるのに最も適切なものを，六つの選択肢 (①～⑥) のうちから一つずつ選びなさい。選択肢は2回以上使ってもかまいません。

Collected Items

Item number	Category	Item	Box number
0001	Children's	toothbrush	22
0002	Adults'	toothpaste	
0003	Adults'	bandage	23
0004	Children's	bath sponge	24
0005	Adults'	face wash	
0006	Children's	cough medicine	25

① Box 1

② Box 2

③ Box 3

④ Box 4

⑤ Box 5

⑥ Box 6

これで第4問Aは終わりです。

第3回

B 　第4問Bは問26の1問です。話を聞き，示された条件に最も合うものを，四つの選択肢（①〜④）のうちから一つ選びなさい。後の表を参考にしてメモを取ってもかまいません。**状況と条件を読む時間が与えられた後，音声が流れます。**

状況

　あなたは，留学先でペットとして飼う魚を探しており，四人のペットショップの店員の説明を聞いています。

あなたが考えている条件

　A．他の魚と共存できること

　B．50ドル未満で買えること

　C．小さな水槽で飼えること

	Names of Fish	Condition A	Condition B	Condition C
①	Deep Water Guppy			
②	Rainbow Molly Fish			
③	Red-tipped Betta Fish			
④	Wide Eyed Tetra			

問26 　　26　　 is the fish you are most likely to choose.

　① Deep Water Guppy

　② Rainbow Molly Fish

　③ Red-tipped Betta Fish

　④ Wide Eyed Tetra

これで第4問Bは終わりです。

― 17 ―

第5問 （配点 15） 音声は1回流れます。

第5問は問27から問33までの7問です。

最初に講義を聞き，問27から問32に答えなさい。次に続きを聞き，問33に答えなさい。状況，ワークシート，問い及び図表を読む時間が与えられた後，音声が流れます。

状況

あなたは大学で，絶滅危惧種の保護に関する講義を，ワークシートにメモを取りながら聞いています。

ワークシート

Protecting Endangered Species

◇　**Why do some species become endangered?**

◆ Main reason: [　27　]

◇　**What can we do to help?**

◆ Support organizations that protect wildlife

◆ Reduce the amount of 　28　 we use and our 　29

◆ Introduce 　30　 that protect animals

◆ Support research and 　31

— 18 —

第 3 回

問27 ワークシートの空欄 27 に入れるのに最も適切なものを，四つの選択肢
（①〜④）のうちから一つ選びなさい。

① Human activities

② Natural disasters

③ Natural selection

④ Social changes

問28〜31 ワークシートの空欄 28 〜 31 に入れるのに最も適切なものを，
六つの選択肢（①〜⑥）のうちから一つずつ選びなさい。選択肢は2回以上使っ
てもかまいません。

① education   ② environment   ③ laws

④ carbon emissions ⑤ endangered animals ⑥ plastic products

問32 講義の内容と一致するものはどれか。最も適切なものを，四つの選択肢（①〜
④）のうちから一つ選びなさい。 32

① It is necessary to educate the following generations on the importance of
protecting endangered species.

② Planting trees is one of the most effective ways to protect endangered
species.

③ The percentage of endangered animals differs widely depending on the
climate zone.

④ There are many endangered animals that have restored their populations
naturally.

第5問はさらに続きます。

— 19 —

問33 グループの発表を聞き，**次の図から読み取れる情報と講義全体の内容から**どのようなことが言えるか，最も適切なものを，四つの選択肢(①〜④)のうちから一つ選びなさい。33

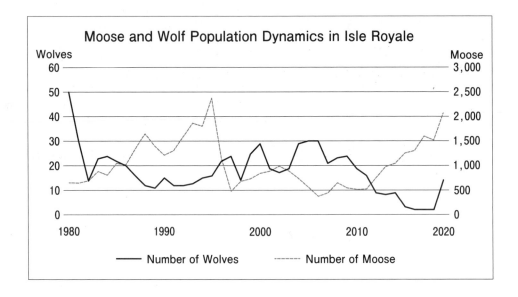

① Efforts to conserve endangered species have a much bigger impact than laws set to protect them.
② Once endangered species become the subject of academic interest, conservation efforts usually follow.
③ The populations of both wolves and moose have shown a steady increase within the Isle Royale ecosystem.
④ Without human involvement, populations within ecosystems go through natural cycles of increase and decrease.

これで第5問は終わりです。

第3回

第6問 (配点 14) 音声は1回流れます。

第6問はAとBの二つの部分に分かれています。

A 第6問Aは問34・問35の2問です。二人の対話を聞き，それぞれの問いの答えとして最も適切なものを，四つの選択肢 (①〜④) のうちから一つずつ選びなさい。(問いの英文は書かれています。)**状況と問いを読む時間が与えられた後，音声が流れます。**

状況

異なる高校に通う Bob と May が，学校の休暇について話をしています。

問34　**Which statement would May agree with the most?** 　34

① Homework is preferable to exams after vacation.

② Schoolwork should be finished well before a break.

③ Taking exams before the vacation causes stress.

④ Unlimited free time is an essential part of vacation.

問35　**Which statement best describes Bob's opinion about May's view on vacation?** 　35

① It is ridiculous.

② It is surprising.

③ It is understandable.

④ It is unique.

これで第6問Aは終わりです。

— 21 —

B 　第6問Bは問36・問37の2問です。会話を聞き，それぞれの問いの答えとして最も適切なものを，選択肢のうちから一つずつ選びなさい。後の表を参考にしてメモを取ってもかまいません。**状況と問いを読む時間が与えられた後，音声が流れます。**

状況

　四人の友人(John，Tara，Charlie，Rin)が，地元の図書館の前で話をしています。

John	
Tara	
Charlie	
Rin	

問36　会話が終わった時点で，**地元の図書館は残すべきだと考えていた人**を，四つの選択肢（①～④）のうちから一つ選びなさい。　36

① John，Tara

② Tara，Rin

③ John，Tara，Charlie

④ John，Tara，Rin

— 22 —

問37 会話を踏まえて、Charlie の考えの根拠となる図表を、四つの選択肢（①〜④）のうちから一つ選びなさい。 37

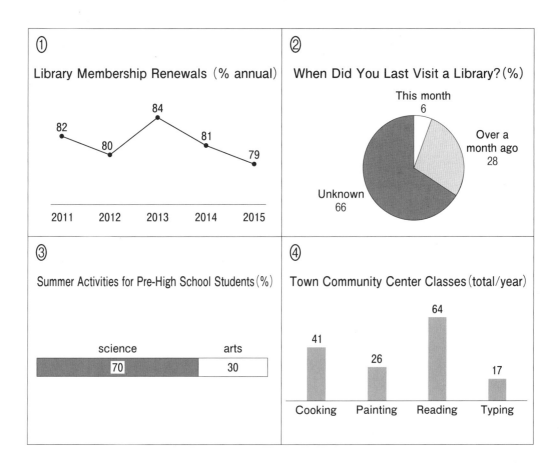

第 4 回

―― 問題を解くまえに ――

◆　本問題は100点満点です。次の対比表を参考にして，**目標点**を立てて解答しなさい。

共通テスト換算得点	40以下	41〜51	52〜61	62〜71	72〜78	79〜85	86以上
偏差値　➡		37.5	42.5	47.5	52.5	57.5	62.5
得　　　点	38以下	39〜47	48〜55	56〜64	65〜72	73〜80	81以上

〔注〕　上の表の，
　　　「共通テスト換算得点」は，'22年度全統共通テスト模試と'23年度大学入学共通テストとの相関をもとに得点を換算したものです。
　　　「得点」帯は，'23全統プレ共通テストの結果より推計したものです。

◆　問題解答時間は30分です。

◆　問題を解いたら必ず自己採点により学力チェックを行い，解答・解説，学習対策を参考にしてください。

◆　以下は，'23全統プレ共通テストの結果を表したものです。

人　　　数	242,983
配　　　点	100
平　均　点	60.0
標準偏差	16.8
最　高　点	100
最　低　点	0

$$\left(\text{解答番号}\boxed{\ 1\ }\sim\boxed{\ 37\ }\right)$$

第1問 （配点 25） **音声は2回流れます。**

第1問はAとBの二つの部分に分かれています。

A 第1問Aは問1から問4までの4問です。英語を聞き，それぞれの内容と最もよく合っているものを，四つの選択肢（①～④）のうちから一つずつ選びなさい。

問1 ☐ 1 ☐

① The speaker is asking if she should sign a form.

② The speaker is asking Ken to lend her his pen.

③ The speaker is letting Ken use a pen.

④ The speaker is telling Ken to sign a form.

問2 ☐ 2 ☐

① The speaker has eaten her dessert.

② The speaker is choosing her dessert now.

③ The speaker is eating her dessert now.

④ The speaker is not going to eat her dessert.

— 4 —

第4回

問3 3

① The speaker called Karen from the station.

② The speaker got to the station and met Karen.

③ The speaker was informed of Karen's arrival.

④ The speaker went to the station with Karen.

問4 4

① The speaker has already received ten boxes.

② The speaker has fewer than six boxes right now.

③ The speaker will have a total of ten boxes later.

④ The speaker will receive more than four boxes later.

これで第1問Aは終わりです。

— 5 —

|B| 第1問Bは問5から問7までの3問です。英語を聞き、それぞれの内容と最もよく合っている絵を、四つの選択肢(①~④)のうちから一つずつ選びなさい。

問5　5

問6

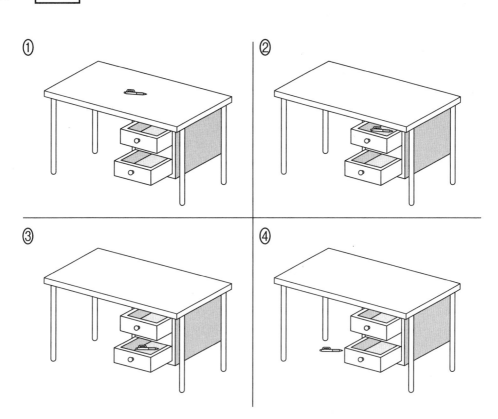

問 7　　7

① ② ③ ④

これで第 1 問 B は終わりです。

第2問 (配点 16) <u>音声は2回流れます。</u>

第2問は問8から問11までの4問です。それぞれの問いについて，対話の場面が日本語で書かれています。対話とそれについての問いを聞き，その答えとして最も適切なものを，四つの選択肢(①～④)のうちから一つずつ選びなさい。

問8 友人同士が，寝具を選んでいます。 8

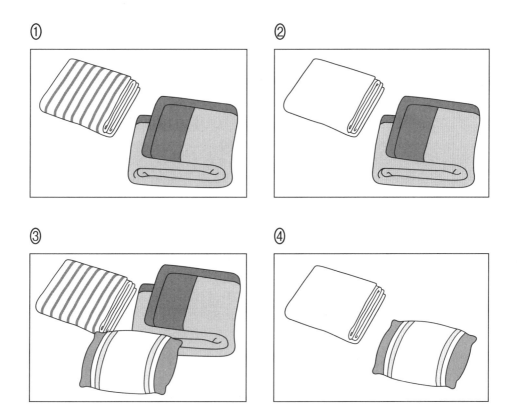

問 9　男性が，女性と話をしています。　9

問10　お客さん用に箱入りチョコレートを買おうとしています。　10

①

②

③

④

問11　友人同士が，駅での待ち合わせ場所を決めています。　11

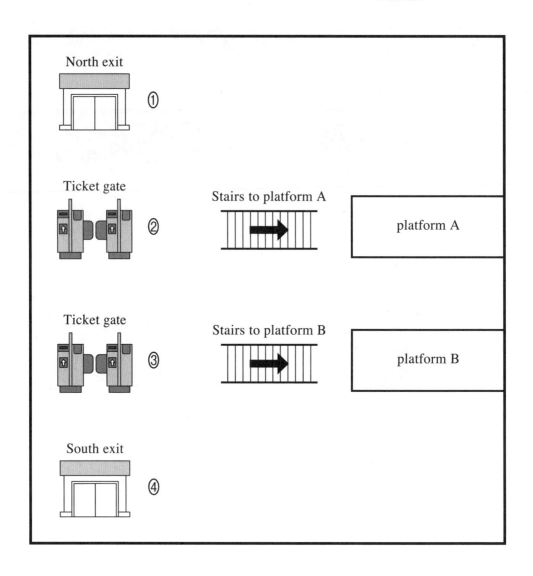

これで第2問は終わりです。

第4回

第3問 （配点 18） **音声は1回流れます。**

第3問は**問12**から**問17**までの6問です。それぞれの問いについて，対話の場面が日本語で書かれています。対話を聞き，問いの答えとして最も適切なものを，四つの選択肢（①～④）のうちから一つずつ選びなさい。（問いの英文は書かれています。）

問12 男性が，休暇先での出来事について女性と話をしています。

On which day did the man visit the museum? 　12

① Sunday
② Tuesday
③ Wednesday
④ Thursday

問13 男の子が，母親と話をしています。

What will they do? 　13

① Buy a new shirt for baseball
② Check if the store is open today
③ Go shopping on the weekend
④ Visit the store the next day

問14 バス停で，旅行中の夫婦が話をしています。

What are they going to do? 　14

① Check the timetable
② Find a coffee shop
③ Wait at the bus stop
④ Walk to the next stop

— 13 —

— 89 —

問15 ホテルで，女性がチェックインの手続きをしています。

What is true about the hotel? 15

① A self-service laundry is available.

② Breakfast is served in guests' rooms.

③ The lobby is in the basement.

④ The restaurant is open 24 hours.

問16 友人同士が話をしています。

What will the woman do? 16

① Cancel the Spanish class

② Put her name on the waiting list

③ Sign up for the basic Spanish class

④ Take the Spanish class online

問17 友人同士が，今度の夏休みの予定について話をしています。

What is the man going to do next? 17

① Decide where he should go

② Spend some time by the ocean

③ Take a vacation at a spa

④ Travel with the woman

これで第３問は終わりです。

— 14 —

第4問 （配点 12） 音声は1回流れます。

第4問はAとBの二つの部分に分かれています。

A 第4問Aは問18から問25までの8問です。話を聞き，それぞれの問いの答えとして最も適切なものを，選択肢から選びなさい。**問題文と図表を読む時間が与えられた後，音声が流れます。**

問18～21　友人が，スノーフェスティバルを訪れたときのことを話しています。話を聞き，その内容を表した四つのイラスト（①～④）を，出来事が起きた順番に並べなさい。 18 → 19 → 20 → 21

問22〜25 あなたは，才能コンテストに参加しています。結果と商品に関する主催者の話を聞き，次の表の四つの空欄 22 〜 25 に入れるのに最も適切なものを，六つの選択肢 (①〜⑥) のうちから一つずつ選びなさい。選択肢は2回以上使ってもかまいません。

Belleville Talent Competition: Summary of the Results

Participants	Judge Score	Audience Score	Final Score	Award
Dancing Dave	10	20	30	22
Magic Marcia	30	10	40	23
Phil's Piccolo	20	40	60	24
Singing Sheila	40	30	70	25

① medal

② cash prize

③ paid trip

④ medal, cash prize

⑤ cash prize, paid trip

⑥ medal, cash prize, paid trip

これで第4問Aは終わりです。

— 16 —

第4回

B 第4問Bは問26の1問です。話を聞き，示された条件に最も合うものを，四つの選択肢（①〜④）のうちから一つ選びなさい。後の表を参考にしてメモを取ってもかまいません。**状況と条件を読む時間が与えられた後，音声が流れます。**

状況
　あなたは，交換留学先の高校で，所属しているブラスバンド部の四人のリーダー候補者の演説を聞いています。

あなたが考えている条件
　A．練習時間が週2日以下であること
　B．地域での演奏機会を増やすこと
　C．プロの音楽家に学ぶ機会を設けること

	Candidates	Condition A	Condition B	Condition C
①	Ben			
②	Elise			
③	Mari			
④	Ron			

問26 　26 　 is the candidate you are most likely to choose.

① Ben
② Elise
③ Mari
④ Ron

これで第4問Bは終わりです。

— 17 —

第5問 （配点 15） 音声は1回流れます。

第5問は問27から問33までの7問です。

最初に講義を聞き，問27から問32に答えなさい。次に続きを聞き，問33に答えなさい。**状況，ワークシート，問い及び図表を読む時間が与えられた後，音声が流れます。**

状況

あなたは大学で，毒ヘビに咬まれた傷の対処に関する講義を，ワークシートにメモを取りながら聞いています。

ワークシート

Snakebites

◇ **General Information**

- ◆ Over 200 species of snakes can hurt or kill a human.
- ◆ The only cure is antivenom, a special medicine 〔 27 〕 .
- ◆ Not all bites contain poison.

◇ **Main Risks**

Work:

- ◆ Farmers often work 28 or just wearing sandals.
- ◆ Fields are far from 29 .

Hospitals:

- ◆ Antivenom does not work on bites from all 30 .
- ◆ Some rural hospitals do not have 31 .

問27 ワークシートの空欄 27 に入れるのに最も適切なものを，四つの選択肢（①〜④）のうちから一つ選びなさい。

① given to prevent injury
② given to raise immunity
③ made from human blood
④ made from snake poison

問28〜31 ワークシートの空欄 28 〜 31 に入れるのに最も適切なものを，六つの選択肢（①〜⑥）のうちから一つずつ選びなさい。選択肢は2回以上使ってもかまいません。

① barefoot　　② death　　③ farmers
④ medical care　　⑤ refrigeration　　⑥ species

問32 講義の内容と一致するものはどれか。最も適切なものを，四つの選択肢（①〜④）のうちから一つ選びなさい。 32

① Farmers in developing countries are careful enough about preventing snakebites.
② Identifying the type of snake can help with the treatment of snakebites using antivenoms.
③ Only a few species of snake have poison strong enough to permanently injure or kill a person.
④ There is not enough effort to make antivenoms to treat snakebites around the world.

第5問はさらに続きます。

問33 グループの発表を聞き，**次の図から読み取れる情報と講義全体の内容から**どのようなことが言えるか，最も適切なものを，四つの選択肢（①〜④）のうちから一つ選びなさい。 33

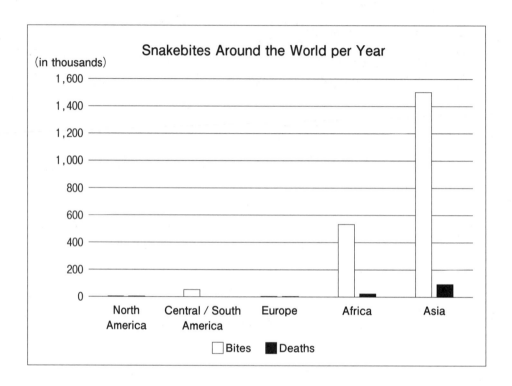

① Many more people in Africa and Asia are victims of snakebites than in other regions.

② Since there are so many snakebites in Asia, hospitals keep a larger supply of antivenom.

③ There are far more dangerous snakes distributed in Asia than in any other region.

④ There are fewer snakebites in North America than in Africa because more antivenom is available.

これで第5問は終わりです。

第4回

第6問 （配点 14） 音声は1回流れます。

第6問はAとBの二つの部分に分かれています。

A　第6問Aは問34・問35の2問です。二人の対話を聞き，それぞれの問いの答えとして最も適切なものを，四つの選択肢（①～④）のうちから一つずつ選びなさい。（問いの英文は書かれています。）状況と問いを読む時間が与えられた後，音声が流れます。

状況

Edgar と Stephanie が，宿題について話をしています。

問34　**Which statement would Edgar agree with the most?**　34

① It is important to make time for activities other than homework.

② It is not possible to finish assignments that are started late.

③ Students should review their homework before turning it in.

④ Teachers should give lower grades for homework turned in late.

問35　**Which statement best describes Stephanie's opinion about doing homework early by the end of the conversation?**　35

① It is an excellent idea.

② It is fine for some people.

③ It is quite stressful.

④ It is worse than delaying.

これで第6問Aは終わりです。

— 21 —

B 　第6問**B**は問36・問37の2問です。会話を聞き，それぞれの問いの答えとして最も適切なものを，選択肢のうちから一つずつ選びなさい。後の表を参考にしてメモを取ってもかまいません。**状況と問いを読む時間が与えられた後，音声が流れます**。

状況
　四人の大学生(Nancy, Stan, Jeanne, Yuto)が，夏休みの旅行について話し合っています。

Nancy	
Stan	
Jeanne	
Yuto	

問36　会話が終わった時点で，ツアー旅行に参加することに決めた人を，四つの選択肢(①～④)のうちから一つ選びなさい。　|　36　|

① 　Nancy
② 　Stan
③ 　Nancy, Jeanne
④ 　Stan, Yuto

問37 会話を踏まえて，Jeanne の発言の根拠となる図表を，四つの選択肢（①～④）のうちから一つ選びなさい。 37

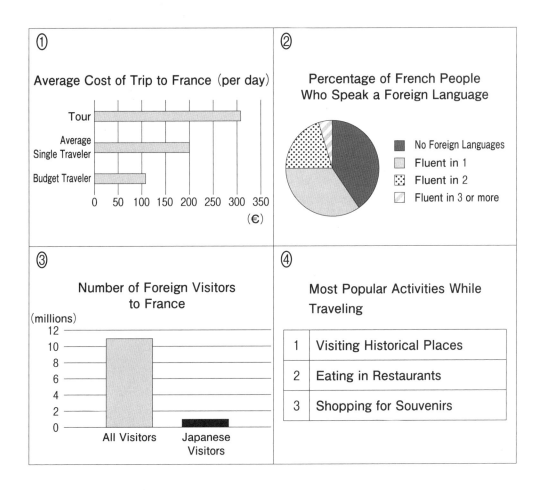

これで第6問Bは終わりです。

MEMO

MEMO

MEMO

MEMO

MEMO

MEMO

MEMO

MEMO

MEMO

MEMO

MEMO

MEMO

河合出版ホームページ
https://www.kawai-publishing.jp
E-mail
kp@kawaijuku.jp

表紙イラスト　阿部伸二（カレラ）
表紙デザイン　岡本 健＋

2025共通テスト総合問題集
英　語[リスニング]

発　行　2024年 6 月10日

編　者　河合塾英語科

発行者　宮本正生

発行所　**株式会社　河合出版**
　　　　[東　京]　〒160-0023
　　　　　　　　 東京都新宿区西新宿 7 －15－ 2
　　　　[名古屋]　〒461-0004
　　　　　　　　 名古屋市東区葵 3 －24－ 2

印刷所　協和オフセット印刷株式会社

製本所　望月製本所

・乱丁本，落丁本はお取り替えいたします。
・編集上のご質問，お問い合わせは，編集部
　までお願いいたします。
（禁無断転載）
ISBN978-4-7772-2808-9

第　回　英語（リスニング）解答用紙

解答科目　英語（リスニング）

注意事項

1　解答は、音声問題の各設問ごとに、この解答用紙にまとめてマークしてください。問題冊子に解答したものを解答時間の最後にまとめて転記する時間はありません。

2　解答時間中、ICプレーヤーから音声が聞こえなくなった場合や、問題冊子の印刷不鮮明（解答の落丁・乱丁となるもの）、ページの落丁・乱丁に気付いた場合は、黙って手を高く挙げ、監督者に知らせてください。

良い例	悪 い 例
●	◗ ◑ ✖

氏名（フリガナ）、クラス、出席番号を記入しなさい。

フリガナ	
氏名	

クラス	
出席番号	番

解答番号	解 答 欄 1 2 3 4 5 6
1	① ② ③ ④ ⑤ ⑥
2	① ② ③ ④ ⑤ ⑥
3	① ② ③ ④ ⑤ ⑥
4	① ② ③ ④ ⑤ ⑥
5	① ② ③ ④ ⑤ ⑥
6	① ② ③ ④ ⑤ ⑥
7	① ② ③ ④ ⑤ ⑥
8	① ② ③ ④ ⑤ ⑥
9	① ② ③ ④ ⑤ ⑥
10	① ② ③ ④ ⑤ ⑥
11	① ② ③ ④ ⑤ ⑥
12	① ② ③ ④ ⑤ ⑥
13	① ② ③ ④ ⑤ ⑥
14	① ② ③ ④ ⑤ ⑥
15	① ② ③ ④ ⑤ ⑥
16	① ② ③ ④ ⑤ ⑥
17	① ② ③ ④ ⑤ ⑥
18	① ② ③ ④ ⑤ ⑥
19	① ② ③ ④ ⑤ ⑥
20	① ② ③ ④ ⑤ ⑥

解答番号	解 答 欄 1 2 3 4 5 6
21	① ② ③ ④ ⑤ ⑥
22	① ② ③ ④ ⑤ ⑥
23	① ② ③ ④ ⑤ ⑥
24	① ② ③ ④ ⑤ ⑥
25	① ② ③ ④ ⑤ ⑥
26	① ② ③ ④ ⑤ ⑥
27	① ② ③ ④ ⑤ ⑥
28	① ② ③ ④ ⑤ ⑥
29	① ② ③ ④ ⑤ ⑥
30	① ② ③ ④ ⑤ ⑥
31	① ② ③ ④ ⑤ ⑥
32	① ② ③ ④ ⑤ ⑥
33	① ② ③ ④ ⑤ ⑥
34	① ② ③ ④ ⑤ ⑥
35	① ② ③ ④ ⑤ ⑥
36	① ② ③ ④ ⑤ ⑥
37	① ② ③ ④ ⑤ ⑥
38	① ② ③ ④ ⑤ ⑥
39	① ② ③ ④ ⑤ ⑥
40	① ② ③ ④ ⑤ ⑥

第　回　英語（リスニング）解答用紙

解答科目　英語（リスニング）

注意事項

1　解答は、音声問題の各設問ごとに、この解答用紙にまとめてマークしてください。問題冊子に解答したものを解答時間の最後に転記する時間はありません。

2　解答時間中、ICプレーヤーから音声が聞こえなくなった場合や、問題冊子の印刷不鮮明（解答に支障となるもの）、ページの落丁・乱丁に気付いた場合は、黙って手を高く挙げ、監督者に知らせてください。

解答番号	解　答　欄 1 2 3 4 5 6
1	① ② ③ ④ ⑤ ⑥
2	① ② ③ ④ ⑤ ⑥
3	① ② ③ ④ ⑤ ⑥
4	① ② ③ ④ ⑤ ⑥
5	① ② ③ ④ ⑤ ⑥
6	① ② ③ ④ ⑤ ⑥
7	① ② ③ ④ ⑤ ⑥
8	① ② ③ ④ ⑤ ⑥
9	① ② ③ ④ ⑤ ⑥
10	① ② ③ ④ ⑤ ⑥
11	① ② ③ ④ ⑤ ⑥
12	① ② ③ ④ ⑤ ⑥
13	① ② ③ ④ ⑤ ⑥
14	① ② ③ ④ ⑤ ⑥
15	① ② ③ ④ ⑤ ⑥
16	① ② ③ ④ ⑤ ⑥
17	① ② ③ ④ ⑤ ⑥
18	① ② ③ ④ ⑤ ⑥
19	① ② ③ ④ ⑤ ⑥
20	① ② ③ ④ ⑤ ⑥

解答番号	解　答　欄 1 2 3 4 5 6
21	① ② ③ ④ ⑤ ⑥
22	① ② ③ ④ ⑤ ⑥
23	① ② ③ ④ ⑤ ⑥
24	① ② ③ ④ ⑤ ⑥
25	① ② ③ ④ ⑤ ⑥
26	① ② ③ ④ ⑤ ⑥
27	① ② ③ ④ ⑤ ⑥
28	① ② ③ ④ ⑤ ⑥
29	① ② ③ ④ ⑤ ⑥
30	① ② ③ ④ ⑤ ⑥
31	① ② ③ ④ ⑤ ⑥
32	① ② ③ ④ ⑤ ⑥
33	① ② ③ ④ ⑤ ⑥
34	① ② ③ ④ ⑤ ⑥
35	① ② ③ ④ ⑤ ⑥
36	① ② ③ ④ ⑤ ⑥
37	① ② ③ ④ ⑤ ⑥
38	① ② ③ ④ ⑤ ⑥
39	① ② ③ ④ ⑤ ⑥
40	① ② ③ ④ ⑤ ⑥

良い例	悪　い　例

氏名（フリガナ）、クラス、出席番号を記入しなさい。

フリガナ	
氏名	

クラス	出席番号
	番

クラス

第　回　英語（リスニング）解答用紙

解答
科目　英語
（リスニング）

注意事項

1 解答は、音声問題の各設問ごとに、この解答用紙にまとめてマークしてください。問題冊子に
解答したものを解答時間の最後に転記する時間はありません。

2 解答時間中、ICプレーヤーから音声が聞こえなくなった場合や、問題冊子の印刷不鮮
明（解答に支障となるもの）、ページの落丁・乱丁に気付いた場合は、黙って手を高く挙
げ、監督者に知らせてください。

解答番号	解答欄 1 2 3 4 5 6
1	① ② ③ ④ ⑤ ⑥
2	① ② ③ ④ ⑤ ⑥
3	① ② ③ ④ ⑤ ⑥
4	① ② ③ ④ ⑤ ⑥
5	① ② ③ ④ ⑤ ⑥
6	① ② ③ ④ ⑤ ⑥
7	① ② ③ ④ ⑤ ⑥
8	① ② ③ ④ ⑤ ⑥
9	① ② ③ ④ ⑤ ⑥
10	① ② ③ ④ ⑤ ⑥
11	① ② ③ ④ ⑤ ⑥
12	① ② ③ ④ ⑤ ⑥
13	① ② ③ ④ ⑤ ⑥
14	① ② ③ ④ ⑤ ⑥
15	① ② ③ ④ ⑤ ⑥
16	① ② ③ ④ ⑤ ⑥
17	① ② ③ ④ ⑤ ⑥
18	① ② ③ ④ ⑤ ⑥
19	① ② ③ ④ ⑤ ⑥
20	① ② ③ ④ ⑤ ⑥

解答番号	解答欄 1 2 3 4 5 6
21	① ② ③ ④ ⑤ ⑥
22	① ② ③ ④ ⑤ ⑥
23	① ② ③ ④ ⑤ ⑥
24	① ② ③ ④ ⑤ ⑥
25	① ② ③ ④ ⑤ ⑥
26	① ② ③ ④ ⑤ ⑥
27	① ② ③ ④ ⑤ ⑥
28	① ② ③ ④ ⑤ ⑥
29	① ② ③ ④ ⑤ ⑥
30	① ② ③ ④ ⑤ ⑥
31	① ② ③ ④ ⑤ ⑥
32	① ② ③ ④ ⑤ ⑥
33	① ② ③ ④ ⑤ ⑥
34	① ② ③ ④ ⑤ ⑥
35	① ② ③ ④ ⑤ ⑥
36	① ② ③ ④ ⑤ ⑥
37	① ② ③ ④ ⑤ ⑥
38	① ② ③ ④ ⑤ ⑥
39	① ② ③ ④ ⑤ ⑥
40	① ② ③ ④ ⑤ ⑥

良い例	悪　い　例

氏名（フリガナ）、クラス、出席
番号を記入しなさい。

フリガナ

氏名

クラス

出席番号　　番

第　回　英語（リスニング）解答用紙

解答科目　英語（リスニング）

注意事項

1　解答は、音声問題の各設問ごとに、この解答用紙にまとめてマークしてください。問題冊子に解答したものを解答時間の最後にまとめて転記する時間はありません。

2　解答時間中、ICプレーヤーから音声が聞こえなくなった場合や、問題冊子の印刷不鮮明（解答に支障となるもの）、ページの落丁・乱丁に気付いた場合は、黙って手を高く挙げ、監督者に知らせてください。

良い例	悪 い 例

氏名（フリガナ）、クラス、出席番号を記入しなさい。

フリガナ

氏名

クラス　出席番号　番

解答欄（解答番号 1〜20）

解答番号	1	2	3	4	5	6
1	①	②	③	④	⑤	⑥
2	①	②	③	④	⑤	⑥
3	①	②	③	④	⑤	⑥
4	①	②	③	④	⑤	⑥
5	①	②	③	④	⑤	⑥
6	①	②	③	④	⑤	⑥
7	①	②	③	④	⑤	⑥
8	①	②	③	④	⑤	⑥
9	①	②	③	④	⑤	⑥
10	①	②	③	④	⑤	⑥
11	①	②	③	④	⑤	⑥
12	①	②	③	④	⑤	⑥
13	①	②	③	④	⑤	⑥
14	①	②	③	④	⑤	⑥
15	①	②	③	④	⑤	⑥
16	①	②	③	④	⑤	⑥
17	①	②	③	④	⑤	⑥
18	①	②	③	④	⑤	⑥
19	①	②	③	④	⑤	⑥
20	①	②	③	④	⑤	⑥

解答欄（解答番号 21〜40）

解答番号	1	2	3	4	5	6
21	①	②	③	④	⑤	⑥
22	①	②	③	④	⑤	⑥
23	①	②	③	④	⑤	⑥
24	①	②	③	④	⑤	⑥
25	①	②	③	④	⑤	⑥
26	①	②	③	④	⑤	⑥
27	①	②	③	④	⑤	⑥
28	①	②	③	④	⑤	⑥
29	①	②	③	④	⑤	⑥
30	①	②	③	④	⑤	⑥
31	①	②	③	④	⑤	⑥
32	①	②	③	④	⑤	⑥
33	①	②	③	④	⑤	⑥
34	①	②	③	④	⑤	⑥
35	①	②	③	④	⑤	⑥
36	①	②	③	④	⑤	⑥
37	①	②	③	④	⑤	⑥
38	①	②	③	④	⑤	⑥
39	①	②	③	④	⑤	⑥
40	①	②	③	④	⑤	⑥

河合塾
SERIES

2025共通テスト総合問題集

英語［リスニング］

河合塾 編

解答・解説編

河合出版

第1回 解答・解説

設問別正答率

解答番号	1	2	3	4	5	6	7	8	9	10
配点	4	4	4	4	3	3	3	4	4	4
正答率(%)	72.6	50.0	37.7	42.0	48.3	97.7	78.7	95.6	91.4	58.5
解答番号	11	12	13	14	15	16	17	18-21	22	23
配点	4	3	3	3	3	3	3	4	1	1
正答率(%)	34.6	74.5	57.9	69.2	33.0	43.0	62.4	27.6	50.7	41.3
解答番号	24	25	26	27	28-29	30-31	32	33	34	35
配点	1	1	4	3	2	2	4	4	3	3
正答率(%)	31.0	50.5	43.7	86.3	46.2	48.0	35.3	40.2	23.6	45.0
解答番号	36	37								
配点	4	4								
正答率(%)	57.2	39.9								

設問別成績一覧

設問	設　問　内　容	配点	全　体	標準偏差
合計		100	54.3	18.1
1	短文発話内容一致問題	25	14.8	5.9
2	対話文イラスト選択問題	16	11.2	3.6
3	対話文質問選択問題	18	10.2	4.4
4	モノローグ型中文内容把握問題	12	4.6	3.4
5	モノローグ型長文内容把握問題	15	7.5	4.1
6	会話長文質問選択問題	14	5.9	4.0

（100点満点）

問題番号	設問		解答番号	正解	配点	自己採点
第1問	A	問1	1	①	4	
		問2	2	①	4	
		問3	3	②	4	
		問4	4	③	4	
	B	問5	5	②	3	
		問6	6	③	3	
		問7	7	②	3	
第1問　自己採点小計					(25)	
第2問		問8	8	③	4	
		問9	9	④	4	
		問10	10	④	4	
		問11	11	①	4	
第2問　自己採点小計					(16)	
第3問		問12	12	①	3	
		問13	13	③	3	
		問14	14	②	3	
		問15	15	③	3	
		問16	16	①	3	
		問17	17	①	3	
第3問　自己採点小計					(18)	

問題番号	設問		解答番号	正解	配点	自己採点
第4問	A	問18	18	③	4※	
		問19	19	②		
		問20	20	④		
		問21	21	①		
		問22	22	②	1	
		問23	23	①	1	
		問24	24	①	1	
		問25	25	⑥	1	
	B	問26	26	③	4	
第4問　自己採点小計					(12)	
第5問		問27	27	④	3	
		問28	28	③	2※	
		問29	29	②		
		問30	30	⑥	2※	
		問31	31	①		
		問32	32	③	4	
		問33	33	①	4	
第5問　自己採点小計					(15)	
第6問	A	問34	34	④	3	
		問35	35	④	3	
	B	問36	36	③	4	
		問37	37	④	4	
第6問　自己採点小計					(14)	
自己採点合計					(100)	

（注）　※は，全部正解の場合のみ点を与える。

※解説の 5103 ～ 5144 はトラック番号（MP3のファイル名）を示しています。

— 2 —

※【読み上げられた英文】および【訳】で太字になっている部分は，聴き取りの上で重要な部分を示しています。

第1問

A 短文発話内容一致問題

問1 1 ①

【読み上げられた英文】

Rob, I'm making dinner, but I don't have eggs. Can you go buy some?

【英文と選択肢の訳】

ロブ，夕食を作っているんだけど，卵がないの。いくつか買って来てくれない？

① 話し手はロブに卵をいくつか買うように頼んでいる。

② 話し手はロブに自分の代わりに夕食を作るように頼んでいる。

③ 話し手は今，ロブと一緒に夕食を取っている。

④ 話し手はロブのために卵をいくつか買うつもりだ。

【ポイントと解説】

Rob, I'm making dinner, but I don't have eggs. Can you go buy some? を聴き取り，話し手はロブに卵をいくつか買って来るように頼んでいることを理解する。

問2 2 ①

【読み上げられた英文】

I've already turned in the English essay, but I haven't started my history homework yet.

【英文と選択肢の訳】

私はすでに英語のエッセイを提出したけど，歴史の宿題はまだ始めてないわ。

① 話し手は英語の宿題を終えた。

② 話し手は歴史の宿題を終えた。

③ 話し手は今，英語の宿題をしている。

④ 話し手は今，歴史の宿題をしている。

【ポイントと解説】

I've already turned in the English essay を聴き取り，話し手は英語の宿題を終えたことを理解する。

問3 3 ②

【読み上げられた英文】

My cousin painted the picture of a dog for me.

【英文と選択肢の訳】

いとこが犬の絵を私に描いてくれたの。

① 話し手は犬の絵を描いた。

② 話し手は犬の絵をもらった。

③ 話し手のいとこは犬の絵を手に入れた。

④ 話し手のいとこは犬の写真を撮った。

【ポイントと解説】

My cousin painted the picture of a dog for me. を聴き取り，話し手は犬の絵をもらったことを理解する。

問4 4 ③

【読み上げられた英文】

Two members of the baseball team already cleaned ten uniforms, leaving five uncleaned.

【英文と選択肢の訳】

野球チームの2人の部員はすでに10着のユニフォームを洗い，5着は洗わないままにしておいた。

① 15着のユニフォームがすでに洗われた。

② 15着のユニフォームが後で洗われるだろう。

③ さらに5着のユニフォームを後で洗う必要がある。

④ 5着のユニフォームがすでに洗われた。

【ポイントと解説】

Two members of the baseball team already cleaned ten uniforms, leaving five uncleaned. を聴き取り，5着のユニフォームを後で洗う必要があることを理解する。

B 短文発話イラスト選択問題

問5 5 ②

【読み上げられた英文】

There is hardly any milk in the bottle.

【英文の訳】

瓶の中にはほとんど牛乳が入っていない。

【ポイントと解説】

There is hardly any milk in the bottle. を聴き取り，ほとんど牛乳が入っていない瓶のイラストを選ぶ。

問6 6 ③

【読み上げられた英文】

I can't find **my keys**. Wait, **there they are under the table**.

— 3 —

【英文の訳】
　鍵が見当たらないわ。待って，テーブルの下にあったわ。

---【ポイントと解説】---

　there they are under the table を聴き取り，they が my keys を指していることを押さえた上で，鍵がテーブルの下にあるイラストを選ぶ。

問7　7　②

【読み上げられた英文】

My nephew just arrived. **He's carrying both his suitcase and a black coat.**

【英文の訳】

　私の甥がちょうど到着したの。彼はスーツケースと黒いコートの両方を持っているわ。

---【ポイントと解説】---

　He's carrying both his suitcase and a black coat. を聴き取り，男性がスーツケースと黒いコートの両方を持っているイラストを選ぶ。

第2問　対話文イラスト選択問題

問8　8　③

【読み上げられた英文】

M：That backpack must be yours.

W：Yes. **Mine is the one with the side pocket.**

M：**I thought so because I saw the rabbit keychain.**

W：**That's right.** I love animals.

Question: Which bag is the woman's?

【対話と質問の訳】

男性：あのリュックサックはきっと君のだね。

女性：そうよ。**私のは横にポケットがついているリュックなの。**

男性：**ウサギのキーホルダーが見えたからそう思ったんだ。**

女性：そのとおりよ。私，動物が大好きなの。

質問：どのバッグが女性のものか。

---【ポイントと解説】---

　女性が最初の発話で Mine is the one with the side pocket. と言い，男性が2回目の発話で I thought so because I saw the rabbit keychain. と答えたのに対して，女性が2回目の発話で That's right. と言っているのを聴き取り，女性のバッグを特定する。

問9　9　④

【読み上げられた英文】

W：Did you get a burger?

M：They had none left, and the salad didn't look good.

W：**So you bought the sandwich?**

M：**Yes.** I found a cake, but it was too expensive.

Question: What did the man buy?

【対話と質問の訳】

女性：バーガーを買ったの？

男性：バーガーは1つも残ってなかったし，サラダはおいしそうじゃなかったよ。

女性：**それでそのサンドイッチを買ったのね？**

男性：**うん。**ケーキがあったけど，値段が高すぎたんだ。

質問：男性は何を買ったか。

---【ポイントと解説】---

　女性が2回目の発話で So you bought the sandwich? と言ったのに対し，男性が Yes. と答えているのを聴き取り，男性が買ったものを特定する。

問10　10　④

【読み上げられた英文】

W：What about this round watch?

M：Hm … actually, **I like the other shape better**.

W：This one is more expensive, but it is of high quality.

M：**No, I will not pay twice as much.**

Question: Which watch will the man buy?

【対話と質問の訳】

女性：この丸い時計はいかがでしょうか。

男性：うーん…実は，**僕はもう一つの形のほうが好きです。**

女性：こちらのほうが値段が高いですが，品質は優れています。

男性：**いや，2倍の値段は払えないです。**

質問：男性はどの時計を買うか。

---【ポイントと解説】---

　女性(店員)が丸い形の時計を薦めたのに対して，男性(客)が最初の発話で I like the other shape better と言っており，さらに女性が2回目の発話でより値段の高い時計を薦めたのに対して，男性が No, I will not pay twice as much. と言っているのを聴き取り，男性が買う時計を特定する。

— 4 —

問11 11 ①
【読み上げられた英文】
W: Which is our campsite?
M: **It's next to the lake.**
W: This one **by the boat dock** is convenient.
M: Actually, **it's on the other side**.
Question: Where is their campsite?
【対話と質問の訳】
女性：私たちがキャンプをする場所はどこかしら？
男性：それは湖のすぐそばだよ。
女性：ボート乗り場のそばのこの場所は便利ね。
男性：実は，その反対側なんだ。
質問：彼らがキャンプをする場所はどこか。

【ポイントと解説】
女性がキャンプの場所を尋ねると，男性が最初の発話で It's next to the lake. と答え，女性が2回目の発話で by the boat dock なら便利だと言ったのに対し，男性が it's on the other side と言っているのを聴き取り，彼らがキャンプをする場所を特定する。

第3問　対話文質問選択問題
問12 12 ①
【読み上げられた英文】
M: Excuse me. Could you tell me the easiest way to get to the city museum?
W: Certainly. **Take bus number 22 to the sports arena. After that, you can either walk or take a taxi.**
M: Isn't there a train? I have a one-day train pass.
W: There are none in this part of town.
【対話の訳】
男性：すみません。市立博物館への最も簡単な行き方を教えていただけますか。
女性：いいですよ。22番バスに乗ってスポーツアリーナまで行ってください。その後，歩いてもいいですし，タクシーに乗ってもいいです。
男性：電車は走っていないんですか。1日乗車券を持っているんです。
女性：町のこの地域には電車は走っていないんです。
【質問と選択肢の訳】
質問：男性は最初に何をするか。
① バスに乗る
② 電車に乗る
③ タクシーに乗る
④ 地下鉄に乗る

【ポイントと解説】
女性の最初の発話にある Take bus number 22 to the sports arena. After that, you can either walk or take a taxi. を聴き取り，男性は最初に何をするかを理解する。

問13 13 ③
【読み上げられた英文】
M: Let's ride the Ferris wheel!
W: That line is too long.
M: The roller coaster looks fun, and there are only a few people waiting.
W: But we just had lunch. I'd rather do something less active.
M: **How about the haunted house?**
W: **That sounds great.**
【対話の訳】
男性：観覧車に乗ろう！
女性：あの列は長すぎるわ。
男性：ジェットコースターは楽しそうだし，待っている人は数人しかいないよ。
女性：でも私たちお昼ご飯を食べたばかりよ。どちらかというとあまり激しくないのにしたいわ。
男性：お化け屋敷はどう？
女性：それはいいわね。
【質問と選択肢の訳】
質問：彼らはこれから何をするか。
① 待っている間に昼食を取る
② ジェットコースターに乗る
③ お化け屋敷に行く
④ 観覧車に乗るのを待つ

【ポイントと解説】
男性の3回目の発話 How about the haunted house? に対し，女性が That sounds great. と答えているのを聴き取り，彼らはこれから何をするかを理解する。

問14 14 ②
【読み上げられた英文】
M: Have you bought tickets for the concert yet?
W: No, I was planning to get them yesterday, but it was rainy, so **I stayed home and read a book**.
M: Are you going to get them this afternoon?
W: No, I have to study. I'll go tomorrow.
M: Don't wait too long, or they will be sold out!

【対話の訳】

男性：コンサートのチケットはもう買った？

女性：いいえ，昨日買うつもりだったんだけど，雨だったから家にいて本を読んだの。

男性：今日の午後に買うつもり？

女性：いいえ，勉強をしないといけないの。明日行くわ。

男性：あまり長く待ちすぎないようにね。そうすると売り切れちゃうよ！

【質問と選択肢の訳】

質問：女の子は昨日何をしたか。

① 彼女はコンサートのチケットを買った。

② 彼女は家で本を読んだ。

③ 彼女は家にいて勉強をした。

④ 彼女はコンサートを見に行った。

【ポイントと解説】

　女性の最初の発話にある I stayed home and read a book を聴き取り，女性は昨日何をしたかを理解する。

問15 　15 　③

【読み上げられた英文】

W : That's a pretty fish tank.

M : Thanks. **I wanted a larger one, but this is large enough to hold ten fish.**

W : It must be a lot of work to take care of them all.

M : Not really. I just clean the tank once a week.

W : The fish like the plants, don't they?

M : Actually, they are plastic plants.

【対話の訳】

女性：それ，素敵な魚用の水槽ね。

男性：ありがとう。もっと大きいのがほしかったんだけど，これは魚を10匹入れるのに十分な大きさなんだ。

女性：それらをすべて世話するのはきっと大仕事ね。

男性：そうでもないよ。週に1回水槽を洗うだけなんだ。

女性：この魚はこの水草が好きなのね？

男性：実は，それらはプラスチックの水草なんだ。

【質問と選択肢の訳】

質問：魚用の水槽に関して正しいのは何か。

① その中にはまだ魚が1匹も入っていない。

② プラスチックと同じくらい耐久性がある。

③ 10匹の魚には十分な大きさである。

④ 洗うのに1週間かかる。

【ポイントと解説】

魚用の水槽に関して，男性が最初の発話で I

wanted a larger one, but this is large enough to hold ten fish. と言っているのを聴き取り，魚用の水槽に関して正しいのは何かを理解する。

問16 　16 　①

【読み上げられた英文】

W : Oh, I forgot to bring my lunch.

M : Do you want to go to the cafeteria with me then?

W : **I'll just get a snack from the vending machine.**

M : Will that be enough?

W : I'm not that hungry.

M : I think I'll get some food at a convenience store then.

【対話の訳】

女性：あっ，お昼を持ってくるのを忘れたわ。

男性：じゃあ，僕とカフェテリアに行く？

女性：自動販売機でスナックを買うだけにするわ。

男性：それで足りるの？

女性：そんなにお腹空いてないのよ。

男性：じゃあ，僕はコンビニで何か食べ物を買おうかな。

【質問と選択肢の訳】

質問：女性は何をするか。

① 自動販売機で食べ物を買う

② 男性とカフェテリアに行く

③ お金を節約するために今日はお昼を抜く

④ コンビニエンスストアに立ち寄る

【ポイントと解説】

　お昼を忘れたと言う女性に，男性が最初の発話でカフェテリアに誘ったのに対し，女性が I'll just get a snack from the vending machine. と答えているのを聴き取り，女性は何をするかを理解する。

問17 　17 　①

【読み上げられた英文】

M : Are you going to live in a dorm this year?

W : No, I want to be off campus.

M : Me, too. But apartments are too expensive.

W : Have you considered **shared houses**?

M : What are those?

W : Several people rent a large house. You can save lots of money that way.

M : Great idea！ **I'll check those out！**

— 6 —

【対話の訳】
男性：今年，君は寮に住むつもり？
女性：いいえ，キャンパスから離れたいわ。
男性：僕もだよ。でもアパートは家賃が高すぎるよね。
女性：**シェアハウスを考えたことはある？**
男性：それって何？
女性：数人で広い家を借りるの。そうすればたくさんお金を節約できるわ。
男性：**いい考えだね！ それ，調べてみるよ！**

【質問と選択肢の訳】
質問：男性は何をするつもりか。
① シェアハウスを調べる
② 寮に引っ越す
③ アパートに引っ越す
④ 女性から部屋を借りる

─【ポイントと解説】─
　女性が3回目の発話でシェアハウスについて説明したのに対し，男性が I'll check those out! と言っているのを聴き取り，those が shared houses を指していることを押さえた上で，男性は何をするつもりかを理解する。

第4問

A　モノローグ型図表完成問題
問18～21　18 ③，19 ②，20 ④，21 ①

5128 【読み上げられた英文】
　In 2020 and 2022, we surveyed our students on the factors they consider when choosing their classes. The four factors were "term papers," "friends," "teachers," and "class hours." (19)(20)**In 2020, whether there was a term paper had the same percentage as whether friends were taking the class. However, in 2022, "term papers" increased, while "friends" decreased.** (18)**"Teachers" showed a decline but was the most important for both years.** (21)**"Class hours" was the least important, though it grew slightly in 2022.**

【全訳】
　2020年と2022年に，私たちは，授業を選択する際に考慮する要素について学生を調査しました。4つの要素は「学期末レポート」，「友達」，「教員」と，「授業時間」でした。(19)(20)2020年に，学期末レポートがあったかどうかは，友達がその授業を取っていたかどうかと同じ割合でした。しかしながら，2022年には，「学期末レポート」が増加した一方で，「友達」は減少しまし

た。(18)「教員」は減少を示しましたが，それはどちらの年にとっても重要度が最も高い要素でした。(21)「授業時間」は重要度が最も低いものでした。とは言ってもこれは2022年にわずかに増加しましたが。

─【ポイントと解説】─
　In 2020, whether there was a term paper had the same percentage as whether friends were taking the class. However, in 2022, "term papers" increased, while "friends" decreased. を聴き取り，**問20**と**問19**の解答を特定する。次に，"Teachers" showed a decline but was the most important for both years. を聴き取り，**問18**の解答を特定する。最後に，"Class hours" was the least important, though it grew slightly in 2022. を聴き取り，**問21**の解答を特定する。

問22～25　22 ②，23 ①，24 ①，25 ⑥

5130 【読み上げられた英文】
　The Mayville Recycled Art Contest had really creative entries this year! (22)**The school that came in first for using the most recycled materials will get a gift card to Mayville Art Store.** (25)**The school with the top score for creative ideas also gets a gift card.** The winner's trophy will go to the school with the highest final rank. (23)(24)**The students who do not get gift cards or the trophy will get a discount coupon for Mayville Art Store.** Thank you all for participating!

【全訳】
　メイヴィル・リサイクル・アート・コンテストで，今年は本当に想像力豊かな応募が複数ありました！(22)最も多くのリサイクル素材を使って1位になった学校は，メイヴィル・アート・ストアで使えるギフトカードがもらえます。(25)想像力豊かなアイディアで最高得点を取った学校もギフトカードがもらえます。優勝者のトロフィーは最終ランクが最も高かった学校に贈られます。(23)(24)ギフトカードもトロフィーももらえなかった生徒は，メイヴィル・アート・ストアの割引クーポンがもらえます。皆さん，ご参加いただきありがとうございました！

─【ポイントと解説】─
　The school that came in first for using the most recycled materials will get a gift card to Mayville Art Store. を聴き取り，**問22**の解答を特定する。次に，The school with the top score for creative

— 7 —

ideas also gets a gift card. と The winner's trophy will go to the school with the highest final rank. を聴き取り，問25の解答を特定する。最後に，The students who do not get gift cards or the trophy will get a discount coupon for Mayville Art Store. を聴き取り，問23と問24の解答を特定する。

B　モノローグ型質問選択問題

問26　26　③

【読み上げられた英文】

① Hi! I'm Daisuke. We should spend less time listening to people talk. Instead, **we need to participate in more volunteer activities in the community**. Then **we can exchange stories about what we do with people around the world** on our club website.

② Hello, I'm Elena. **I want a club social media account so we can talk to people from other countries.** In fact, **an account would help find new speakers to give lectures.** Let's focus on solving world problems rather than attending local events.

③ My name is Omar. **I support the idea of inviting business leaders to come and talk about environmentally-friendly changes at their companies.** Then **we can use those ideas in our volunteer activities in our town. We can also share the information with schools internationally.**

④ Hi, guys! Wendy here. Let's focus on improving our community. **We should volunteer to clean up the neighborhood around our school. We can have a monthly class with a guest speaker discussing local changes.** Let's keep focused on our local activities.

【質問の訳】

26 は，あなたが選ぶ可能性が最も高い候補者である。

【全訳】

① こんにちは！ ダイスケです。僕たちは人が話すのを聴く時間を減らすべきだと思います。その代わり，地域社会でもっと多くのボランティア活動に参加する必要があります。そうすると，僕たちのクラブのウェブサイトで，僕たちの活動についての話を世界の人たちとやりとりすることができ

るでしょう。

② こんにちは，エレーナです。私は，他の国の人たちと話すことができるように，クラブのソーシャルメディアアカウントがあるといいと思います。実際，アカウントがあれば，講演してくれる人を新たに見つけることができるでしょう。地元のイベントに参加するよりも，世界の諸問題を解決することに集中しましょう。

③ 僕の名前はオマールです。ビジネスリーダーに自分たちの企業での環境に配慮した変革について，話をしに来てもらうよう依頼するという考えを支持します。その後，僕たちはそのアイディアを街でのボランティア活動に活かすことができます。僕たちはまたその情報を世界中の学校と共有することもできるでしょう。

④ こんにちは，皆さん！ ウェンディです。私たちの地域社会をよくすることに集中しましょう。私たちは自発的に学校周辺の地域を掃除するべきです。ゲストスピーカーとともに地域の変革について討論するクラスを月に１度設けることができます。地域の活動に絶えず焦点を当てましょう！

【ポイントと解説】

　オマールに関して，I support the idea of inviting business leaders to come and talk about environmentally-friendly changes at their companies.（C の条件），we can use those ideas in our volunteer activities in our town（B の条件），We can also share the information with schools internationally.（A の条件）を聴き取り，すべての条件を満たしていることを理解する。

　ダイスケは，AとBの条件を満たしているが，Cの条件を満たしていない。

　エレーナは，AとCの条件を満たしているが，Bの条件に関しては述べられていない。

　ウェンディは，BとCの条件を満たしているが，Aの条件に関しては述べられていない。

第５問　モノローグ型長文ワークシート完成・選択問題

問27～32　27 ～ 32

【読み上げられた英文】

　Today, I want to talk about black bears, which are the smallest of the bears that live in America. Adult males are only about 250 kilograms on average, but their weight changes a lot before and after they sleep in winter. [27]**They are very smart**

— 8 —

and can remember where food sources are. Plus, their sense of smell is about eight times better than a dog's. They are able to find food easily by smell.

Black bears live in forests with many plants. They climb trees to avoid danger, so they are often hard to find in the wild. Black bears eat huge amounts of food, mainly plants, berries, and insects, but they sometimes eat fish or meat.

Like many other animals, black bears face problems caused by global warming. (28)**When the weather changes, their habitat changes. There are fewer forests that they can live and rear their young in.** (29)**Fewer forests mean less food for black bears. If they don't get enough food to keep them alive while they sleep all winter, they can die.** They may also become unhealthy and may not have many babies. As a result, (33)**bears sometimes move to towns because they can find lots of food in trash cans there**. They eat pet food, too. Unfortunately, bears coming near people in town are often killed. (30)**They are hit by vehicles such as cars.** (31)**They are also hunted for food or killed for damaging crops or for attacking farm animals.** (32)**Since black bears have less and less natural habitat, we must find ways to share space with them.**

Now, let's look at what is happening in different regions. Each group will give its report to the class.

【全訳】

本日は，アメリカに生息しているクマの中で最も小さいクロクマについてお話ししたいと思います。成体のオスは平均して約250kgしかありませんが，その体重は冬眠の前後で大きく変化します。(27)**クロクマはとても利口で，食べ物の在り処がどこかを記憶する能力があります。それに加え，嗅覚はイヌの約8倍もすぐれています。匂いで食べ物を容易に見つけることができるのです。**

クロクマはたくさんの植物が生えている森林に生息しています。危険を避けるために木に登るので，自然の中で見つけるのは往々にして難しいのです。クロクマは莫大な量の食べ物を食べます。主に植物，果実や昆虫ですが，魚や肉を食べることもあります。

他の多くの動物と同じように，クロクマも地球温暖化によってもたらされる問題に直面しています。(28)**天候が変わると，クロクマの生息地が変わります。生息**

し，子どもを育てることができる森林が減少しています。(29)**森林の減少は，クロクマにとっては，食べ物が減ることを意味します。**もし冬眠している間ずっと生命を維持するのに十分な食べ物を手に入れなければ，クロクマは死ぬこともあります。また病弱になる可能性もあり，そうなると子どもをたくさん産まないかもしれません。その結果，(33)**時々クロクマは街にやって来ます。そこではゴミ箱に食べ物をたくさん見つけられるからです。**クロクマはペットフードも食べます。残念ながら，街で人びとの近くにやって来るクロクマはしばしば殺されてしまいます。(30)**車などの乗物にはねられます。**(31)**また食用に狩猟されたり，作物を荒らすか家畜を襲うかしたために殺されたりします。**(32)**クロクマは自然の生息地をますます失っているので，私たちはクロクマとスペースを共有する方法を見つけなければなりません。**

では，さまざまな地域でどんなことが起きているか見てみましょう。各グループはクラスに報告してください。

問27 | 27 | ④
【選択肢の訳】
① 人に対して攻撃的である
② 賢く，容易に適応できる
③ 臆病で，あまり強くない
④ 利口で，鋭い嗅覚を持つ

―【ポイントと解説】―
　クロクマの Characteristics「特徴」に関しては，英文前半の They are very smart and can remember where food sources are. Plus, their sense of smell is about eight times better than a dog's. They are able to find food easily by smell. を聴き取り，選択肢を絞る。

問28〜31 | 28 | ③, | 29 | ②, | 30 | ⑥, | 31 | ①
【選択肢の訳】
① 作物
② 食べ物
③ 森林
④ 記憶力
⑤ ゴミ箱
⑥ 乗物

―【ポイントと解説】―
　クロクマにとっての Threats「脅威」のうち Natural Causes「自然によるもの」に関しては，まず英文中程の When the weather changes, their

— 9 —

habitat changes. There are fewer forests that they can live and rear their young in. を聴き取り，天候の変化により生息地である森林が減少することを押さえ，**問28**には forests が入ることを理解する。そして，その後の Fewer forests mean less food for black bears. If they don't get enough food to keep them alive while they sleep all winter, they can die. を聴き取り，冬眠期間を生き延びるのに十分な食べ物が手に入らなくなる可能性があることを押さえ，**問29**には food が入ることを理解する。

次に Conflicts with Humans「人間との衝突」に関しては，英文後半の They are hit by vehicles such as cars. を聴き取り，クロクマが乗物にはねられることを押さえ，**問30**には vehicles が入ることを理解する。そして，その後の They are also hunted for food or killed for damaging crops or for attacking farm animals. を聴き取り，食用に狩猟されたり，作物を荒らし，家畜を襲うために殺されたりすることを押さえ，**問31**には crops が入ることを理解する。

問32　32　③
【選択肢の訳】
① クロクマは，越冬するために肉や魚をたくさん食べなければならない。
② クロクマは，たくさん食べる必要があるため，冬に備えて食べ物を隠すことが多い。
③ 人間は，クロクマと共に生きる方法を見つけなければならない。
④ クロクマは，人間のゴミやペットフードを食べると病弱になる可能性がある。

【ポイントと解説】
英文後半の Since black bears have less and less natural habitat, we must find ways to share space with them. を聴き取り，講義ではクロクマと共生する方法を見つける必要性を訴えていることを理解する。

問33　33　①
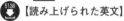【読み上げられた英文】
Our group looked at bears in North Carolina. Many years ago, there were relatively small numbers of bears in the mountains. However, **many houses were built and people started feeding bears**. They liked seeing wild bears in their yards. **This graph shows the results of those interactions.**

【全訳】
私たちのグループはノースカロライナのクマを調べました。昔，山にはクマは比較的少数でした。ところが，たくさんの住宅が建てられ，人びとはクマに餌をやるようになりました。人びとは自分の庭で野生のクマを見るのを好みました。このグラフはそのような触れ合いの結果を示しています。

【選択肢の訳】
① ノースカロライナのクロクマの個体数が増えている理由の1つは，人びとから餌を与えてもらっているからである。
② ノースカロライナのクロクマは，もはや人間と触れ合っていない。
③ ノースカロライナで車にはねられるクロクマが減少しているのは，人びとが慎重に車を運転するようになったからである。
④ ノースカロライナのクロクマの数は，他の地域よりも多い。

【ポイントと解説】
グラフから，ノースカロライナのクロクマの数が増えていることを押さえておき，グループの発表の many houses were built and people started feeding bears と This graph shows the results of those interactions. を聴き取る。そして先の講義で，クロクマは自然の生息地を失っている結果，餌を求めて人の住む街にやって来ていると述べられていたことと重ね合わせて判断する。

第6問
A　対話文質問選択問題
問34・35　34　35
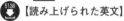【読み上げられた英文】
Alice: Do you have any ideas for dinner, Dan?
Dan: Yes. Let's go to an Italian restaurant.
Alice: Well, I don't feel like changing clothes.
Dan: You look fine, Alice. Let's go!
Alice: Thanks, but I'd rather not eat out. Let's order food and have it delivered.
Dan: We'd have to wait a long time, though. I'm hungry now.
Alice: The wait at the restaurant is probably longer. Plus, we can relax here rather than eating in a crowd of people.
Dan: True. (34)**But isn't having food delivered more expensive?**

Alice: (34)**Yes, but it's well worth the cost**, and there are other benefits.　Look at this menu.

Dan:　Wow!　There are so many choices!　I'll have this deluxe dinner.　It comes with a blueberry dessert!

Alice: See?　And the quality of delivery food is no poorer.　I think I'll order the pasta dinner.

Dan:　I guess a delivery service not only saves time but offers relaxation and serves quality food.

Alice: (35)**Yes, so it's a sensible and practical choice.**

Dan:　(35)**I agree.**　Let's place our order.

【対話の訳】

アリス：夕食のアイディア，何かある，ダン？

　ダン：うん。イタリアンレストランに行こうよ。

アリス：えっと，服を着替えたくないわ。

　ダン：それでおかしくないよ，アリス。行こうよ！

アリス：ありがとう。でも，どちらかといえば外食はしたくないわ。食べ物を注文してそれを配達してもらいましょうよ。

　ダン：でも，それだと長い時間待たなくてはならないよ。僕は今お腹が空いているんだ。

アリス：レストランでの待ち時間のほうがおそらく長いわ。それに，多くの人がいるところで食べるよりここのほうがリラックスできるわ。

　ダン：確かにね。(34)**でも，食べ物を配達してもらうほうが高くつくんじゃない？**

アリス：(34)**ええ，でもその値段の価値は十分あるし，**他にも利点があるのよ。このメニューを見て。

　ダン：わー！　選択肢がとても多いね！　僕はこのデラックスディナーにするよ。ブルーベリーのデザートが付いてくるんだ！

アリス：ほらね。それに宅配の食べ物のクオリティは全然負けてないわ。私はパスタディナーを注文しようと思うわ。

　ダン：宅配サービスは時間の節約になるだけじゃなくて，リラックスできるし，質の高い食べ物を提供してくれるようだね。

アリス：(35)**そうよ。だからそれは賢くて実用的な選択なのよ。**

　ダン：(35)**同感だな。**注文しよう。

【質問と選択肢の訳】

問34　34　④

アリスはどの意見に最も賛同するだろうか。

① 宅配の食べ物はレストランの食べ物よりも良質だ。

② 宅配サービスはレストランよりも食べ物の選択肢が多い。

③ 宅配の食べ物を待つよりはレストランで食事をするほうが速い。

④ 宅配サービスの利便性はお金を払うだけの価値がある。

問35　35　④

会話の終わりまでで，宅配サービスについてのダンの意見を最もよく表しているのはどれか。

① それは質が低い。

② それはかなりお金がかかる。

③ それは時間がかかる。

④ それは賢く実用的だ。

【ポイントと解説】

問34　34

ダンが 4 回目の発話で But isn't having food delivered more expensive? と尋ねたのに対して，アリスが Yes, but it's well worth the cost と答えているのを聴き取り，アリスが宅配サービスはその値段の価値があると考えていることを理解する。

問35　35

アリスが 7 回目の発話で宅配サービスについて Yes, so it's a sensible and practical choice. と言っているのに対して，ダンが I agree. と答えているのを聴き取り，ダンは会話の終わりの時点では宅配サービスは賢くて実用的な選択だと考えていることを理解する。

B　会話長文意見・図表選択問題

問36・37　36　③，37　④

【読み上げられた英文】

Cliff:　I had difficulty understanding history today.　(36)**Let's study together this evening.**

Fiona:　Not me, Cliff.　I want a high score on the test.　When I meet friends to study together, we always end up talking about something else.

Cliff:　Really, Fiona?　When I'm alone, I always watch TV.　What about you, Nathan?

Nathan: Like Fiona, I study best in a quiet place.　I put on headphones while studying.　It's hard to think with everyone talking.　Right, Yumi?

Yumi:　I read slowly, so I like to read alone.　I can take my time and look up words I don't understand.

Fiona: Same for me. I review the notes I took in class, and that helps me remember what the teacher talked about.

Cliff: (36)**Notes are one reason I like group discussions. By comparing notes, we can get different viewpoints about the lecture. (37)In fact, I read an article that said you remember better when you study in a group.**

Nathan: Why is that, Cliff?

Cliff: (37)**The article said that to explain your ideas, you have to understand them well enough to put them in your own words. As a result, you get better scores.**

Yumi: (36)**That's true. I'm worried about the test tomorrow. I'd like to join you this evening after all.**

Fiona: Go ahead, Yumi. I'm going to follow my usual routine. What about you, Nathan?

Nathan: I'm off to my room now!

【会話の訳】

クリフ：今日の歴史の時間は理解するのに苦労したなあ。(36)**今晩，一緒に勉強しようよ。**

フィオーナ：私はやめておくわ，クリフ。私，テストで高得点が欲しいの。友達と会って一緒に勉強すると，結局はいつも何か他のことについておしゃべりする羽目になるんだもの。

クリフ：本当かい，フィオーナ？ 僕は1人だといつもテレビを見ちゃうんだ。君はどう，ネイサン？

ネイサン：フィオーナと同じで，静かな場所は勉強が一番捗るよ。勉強中はヘッドフォンをするんだ。皆が話をしているところで考え事をするのは難しいよ。そうじゃない，ユミ？

ユミ：私は読むのが遅いから，読むときは1人がいいの。じっくり時間をかけてわからない言葉は調べることができるわ。

フィオーナ：私も同じよ。私は講義中にとったメモを見返すと，それで先生が話したことを思

い出せるの。

クリフ：(36)**いろいろなメモがあるっていうのは僕がグループ討論が好きな理由の1つなんだ。いろいろなメモを比べることで僕らは講義に関して異なった観点が得られるからね。(37)実際，グループで勉強をしたときのほうがよく覚えられると書いてある記事を読んだよ。**

ネイサン：それはどうしてなんだい，クリフ？

クリフ：(37)**その記事によると，自分の考えを説明するためには，それを自分の言葉で言えるくらいに十分理解しなければならないんだ。結果として，点数も良くなるんだ。**

ユミ：(36)**それは確かにそうね。私，明日のテストのことが心配だわ。やっぱり今晩，あなたと一緒に勉強したいわ。**

フィオーナ：あなたはそうして，ユミ。私は自分のいつものやり方で行くわ。あなたはどう，ネイサン？

ネイサン：僕はこれから自分の部屋に向かうよ！

┌─【ポイントと解説】─┐

問36 36

　クリフの最初の発話にある Let's study together this evening. や，3回目の発話にある Notes are one reason I like group discussions. By comparing notes, we can get different viewpoints about the lecture. を聴き取る。また，初めのうちは1人で勉強するほうがよいと言っていたユミがクリフの話を聞き，2回目の発話で That's true. I'm worried about the test tomorrow. I'd like to join you this evening after all. と言っているのを聴き取り，この2人が友人と一緒に勉強することに賛成していたことを理解する。

問37 37

　クリフの3回目の発話にある In fact, I read an article that said you remember better when you study in a group. と，4回目の発話 The article said that to explain your ideas, you have to understand them well enough to put them in your own words. As a result, you get better scores. を聴き取り，この発言の根拠となる図表を選ぶ。

— 12 —

第2回 解答・解説

設問別正答率

解答番号	1	2	3	4	5	6	7	8	9	10
配点	4	4	4	4	3	3	3	4	4	4
正答率(%)	81.8	74.7	38.8	26.1	51.4	21.0	91.7	93.7	44.1	85.9

解答番号	11	12	13	14	15	16	17	18-21	22	23
配点	4	3	3	3	3	3	3	4	1	1
正答率(%)	30.5	69.0	50.2	68.6	43.2	25.5	54.6	93.5	53.6	63.2

解答番号	24	25	26	27	28-29	30-31	32	33	34	35
配点	1	1	4	3	2	2	4	4	3	3
正答率(%)	52.7	39.3	23.0	38.5	10.1	18.1	40.8	45.0	41.4	11.1

解答番号	36	37
配点	4	4
正答率(%)	32.7	29.1

設問別成績一覧

設問	設　問　内　容	配点	全　体	現　役	高　卒	標準偏差
合計		100	49.2	48.0	61.1	16.2
1	短文発話内容一致問題	25	13.8	13.5	16.4	5.3
2	対話文イラスト選択問題	16	10.2	10.0	12.1	3.7
3	対話文質問選択問題	18	9.3	9.1	12.0	4.8
4	モノローグ型中文内容把握問題	12	6.7	6.6	8.2	2.6
5	モノローグ型長文内容把握問題	15	5.1	5.0	6.9	3.7
6	会話長文質問選択問題	14	4.0	3.9	5.4	3.4

— 13 —

（100点満点）

問題番号	設問		解答番号	正解	配点	自己採点
第1問	A	問1	1	②	4	
		問2	2	③	4	
		問3	3	②	4	
		問4	4	④	4	
	B	問5	5	③	3	
		問6	6	③	3	
		問7	7	③	3	
第1問　自己採点小計					(25)	
第2問		問8	8	④	4	
		問9	9	①	4	
		問10	10	④	4	
		問11	11	①	4	
第2問　自己採点小計					(16)	
第3問		問12	12	③	3	
		問13	13	①	3	
		問14	14	①	3	
		問15	15	①	3	
		問16	16	③	3	
		問17	17	④	3	
第3問　自己採点小計					(18)	

問題番号	設問		解答番号	正解	配点	自己採点
第4問	A	問18	18	②	4※	
		問19	19	①		
		問20	20	③		
		問21	21	④		
		問22	22	②	1	
		問23	23	③	1	
		問24	24	③	1	
		問25	25	⑤	1	
	B	問26	26	①	4	
第4問　自己採点小計					(12)	
第5問		問27	27	①	3	
		問28	28	⑤	2※	
		問29	29	⑥		
		問30	30	①	2※	
		問31	31	②		
		問32	32	②	4	
		問33	33	②	4	
第5問　自己採点小計					(15)	
第6問	A	問34	34	③	3	
		問35	35	④	3	
	B	問36	36	①	4	
		問37	37.	③	4	
第6問　自己採点小計					(14)	
自己採点合計					(100)	

（注）　※は，全部正解の場合のみ点を与える。

※解説の 5203 ～ 5244 はトラック番号（MP 3 のファイル名）を示しています。

※【読み上げられた英文】および【訳】で太字になっている部分は，聴き取りの上で重要な部分を示しています。

第1問

A 短文発話内容一致問題

問1 ☐1☐ ②

【読み上げられた英文】

My feet hurt. Can we sit on this bench?

【英文と選択肢の訳】

足が痛いな。このベンチに座ろうか。

① 話し手は家に帰りたがっている。
② 話し手は休憩したがっている。
③ 話し手は歩き続けたがっている。
④ 話し手は医者に診てもらいたがっている。

【ポイントと解説】

My feet hurt. Can we sit on this bench? を聴き取り，話し手は休憩したがっていることを理解する。

問2 ☐2☐ ③

【読み上げられた英文】

Are you busy after school, Mary? There's a concert in the park tonight.

【英文と選択肢の訳】

メアリー，放課後は忙しい？ 今夜，パークでコンサートがあるんだ。

① 話し手はいつコンサートが開催されるか尋ねている。
② 話し手はどのコンサートに行くか決めている。
③ 話し手はメアリーをコンサートに誘っている。
④ 話し手は公園でメアリーと歩いている。

【ポイントと解説】

Are you busy after school, Mary? There's a concert in the park tonight. を聴き取り，話し手はメアリーをコンサートに誘っていることを理解する。

問3 ☐3☐ ②

【読み上げられた英文】

When the computer his company lent him stopped working, **Adam solved the problem using his smartphone**.

【英文と選択肢の訳】

会社が彼に貸与したコンピューターが作動しなくなったとき，**アダムはスマホを使ってその問題を解決した**。

① アダムはその問題について会社に電話した。
② アダムは自分でその問題の解決策を見つけた。
③ アダムは借りていたコンピューターを返却した。
④ アダムはオンラインでの在宅勤務をやめた。

【ポイントと解説】

Adam solved the problem using his smartphone を聴き取り，アダムは自分で問題を解決したことを理解する。

問4 ☐4☐ ④

【読み上げられた英文】

I'm not lending Cathy my dictionary. She still hasn't returned the book I lent her last week.

【英文と選択肢の訳】

僕はキャシーに辞書を貸さないよ。彼女は僕が先週貸した本をまだ返してくれていないんだ。

① キャシーは先週，話し手に本をあげた。
② キャシーは話し手から本を返してもらった。
③ 話し手はキャシーから辞書を借りないだろう。
④ 話し手はキャシーに自分の辞書を貸さないだろう。

【ポイントと解説】

I'm not lending Cathy my dictionary. を聴き取り，話し手はキャシーに辞書を貸さないことを理解する。

B 短文発話イラスト選択問題

問5 ☐5☐ ③

【読み上げられた英文】

The man wearing glasses is at the end of the line.

【英文の訳】

メガネをかけている男性は列の最後尾にいる。

【ポイントと解説】

The man wearing glasses is at the end of the line. を聴き取り，メガネをかけている男性が列の一番後ろにいるイラストを選ぶ。

問6 ☐6☐ ③

【読み上げられた英文】

George left home without wearing a heavy coat. It is sunny and warm today.

【英文の訳】

ジョージは厚手のコートを着ずに家を出た。今日は

— 15 —

日が照って暖かい。

> 【ポイントと解説】
> George left home without wearing a heavy coat. It is sunny and warm today. を聴き取り，適切なイラストを選ぶ。

問7 7 ③

【読み上げられた英文】

　The shorter boy caught a fish, while the taller boy caught none.

【英文の訳】

　背が低いほうの男の子は魚を釣った一方，背が高いほうの男の子は何も釣れなかった。

> 【ポイントと解説】
> The shorter boy caught a fish, while the taller boy caught none. を聴き取り，適切なイラストを選ぶ。

第2問　対話文イラスト選択問題

問8 8 ④

【読み上げられた英文】

W : Where should I put my English essay, Mr. Brown?
M : On the right side of my desk.
W : In the box?
M : No, that's for the math homework.
Question: Where will the girl put the essay?

【対話と質問の訳】

女性：ブラウン先生，私の英語のエッセイはどこに置けばいいですか。
男性：私の机の上の右側だよ。
女性：箱の中ですか。
男性：いや，それは数学の宿題用なんだ。
質問：女の子はどこにエッセイを置くか。

> 【ポイントと解説】
> 女性（学生）が最初の発話で自分のエッセイをどこに置けばいいか尋ねたのに対し，男性（教師）が On the right side of my desk. と答えている。女性が2回目の発話で In the box? と尋ねたのに対し，男性が No, that's for the math homework. と答えているのを聴き取り，女性がエッセイを置く場所を特定する。

問9 9 ①

【読み上げられた英文】

W : How about some kind of plant to put by the window?
M : Hmm. **I prefer something that has a function.**
W : **This tells the time. That's useful.**
M : **I agree. Let's buy that one.**
Question: Which item will they most likely buy?

【対話と質問の訳】

女性：窓のそばに置くのに，何か植物はどうかしら？
男性：うーん。**僕は何か機能がついているもののほうがいいな。**
女性：**これなら時間がわかるわよ。それは役に立つわ。**
男性：**そうだね。それを買おう。**
質問：彼らが買う可能性が最も高いものはどれか。

> 【ポイントと解説】
> 男性が最初の発話で I prefer something that has a function. と言ったのに対し，女性は This tells the time. That's useful. と提案している。これに対し，男性が2回目の発話で I agree. Let's buy that one. と言っているのを聴き取り，彼らが買う可能性が最も高いものを特定する。

問10 10 ④

【読み上げられた英文】

W : **We'll need both of these.**
M : **Good idea.** We will have a large audience.
W : **What about a whiteboard?**
M : **I don't think so. The hall is already equipped with one.**
Question: What will they need for the event?

【対話と質問の訳】

女性：**これら両方が必要ね。**
男性：**いい考えだ。**観衆は多くなりそうだね。
女性：**ホワイトボードはどうする？**
男性：**それは要らないと思うよ。ホールにはすでに1つ備え付けられているんだ。**
質問：彼らがイベントに必要なのは何か。

> 【ポイントと解説】
> 女性の最初の発話 We'll need both of these. に対し，男性が Good idea. と言っている。さらに，女性の2回目の発話 What about a whiteboard? に対し，男性は I don't think so. The hall is already equipped with one. と言っているのを聴き取り，彼らがイベントに必要なものを特定する。

— 16 —

問11 11 ④

【読み上げられた英文】
W: Excuse me, where's the restroom?
M: **Through the dining room from here, right next to the kitchen.**
W: So **it's close to the exit?**
M: **It's on the opposite side.**
Question: Where is the restroom?

【対話と質問の訳】
女性：すみません，トイレはどこですか。
男性：ここからダイニングルームを通り抜けてキッチンのすぐ隣です。
女性：では，出口の近くですか。
男性：それは反対側です。
質問：トイレはどこか。

【ポイントと解説】
　女性が最初の発話でトイレがどこか尋ねたのに対し，男性（ウェイター）は Through the dining room from here, right next to the kitchen. と答えている。さらに女性が2回目の発話で it's close to the exit? と尋ねたのに対し，男性は It's on the opposite side. と答えているのを聴き取り，トイレの場所を特定する。

第3問　対話文質問選択問題

問12 12 ③

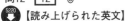

【読み上げられた英文】
W: **I'm really nervous about the chemistry test tomorrow.**
M: **Didn't you hear? The teacher has postponed it until next Friday.**
W: **What！ I've been studying hard for it.**
M: You don't have to prepare for it any more.
W: But I could have worked on the history report instead.
M: Oh, you can do that tomorrow.

【対話の訳】
女性：明日の化学のテストのことで本当に緊張しているわ。
男性：聞かなかった？　先生はそれを来週の金曜日に延期したよ。
女性：なんですって！　私，それに向けて一生懸命勉強してきたのよ。
男性：もうこれ以上準備をする必要はないね。
女性：でも，その代わりに歴史のレポートに取り組むことができたのに。

男性：まあ，それは明日やったらいいんじゃない。
【質問と選択肢の訳】
質問：会話によると，正しいのはどれか。
　① 男の子は歴史のレポートにもう取り組んでいた。
　② 男の子は化学のテストの準備が十分にできている。
　③ 女の子はスケジュールの変更について知らなかった。
　④ 女の子は化学のテストに向けて一生懸命勉強をしなかった。

【ポイントと解説】
　女性の最初の発話 I'm really nervous about the chemistry test tomorrow. に対し，男性が Didn't you hear? The teacher has postponed it until next Friday. と言っている。それに対し，女性が2回目の発話で What！ I've been studying hard for it. と言っているのを聴き取り，女性はテストのスケジュール変更について知らなかったことを理解する。

問13 13 ①

【読み上げられた英文】
M: Don't buy that soap！
W: Why not?　It's the cheapest brand.
M: It uses a lot of chemicals that can irritate your skin.
W: Well, I don't want that.　**How about this one?**
M: Yeah, I use that.　**It's all organic and good for the environment.**
W: **Fine.　I'll try it**, even though it's expensive.

【対話の訳】
男性：その石鹸は買っちゃだめだよ！
女性：どうして？　一番安い銘柄なのよ。
男性：肌を荒らす可能性のある化学薬品を多く使っているんだ。
女性：じゃあ，そんなの欲しくないわ。これはどう？
男性：そうだね，僕はそれを使っているよ。それはすべてオーガニックで，環境にやさしいんだ。
女性：わかった。それを試してみるわ，たとえ値段が高くてもね。

【質問と選択肢の訳】
質問：男性は何をしたか。
　① 彼は違う石鹸を買うように女性を説得した。
　② 彼は新しい銘柄の石鹸を買うことに決めた。
　③ 彼はあるタイプの石鹸を別のタイプと間違え

た。

④ 彼はより安い銘柄の石鹸を買うことを提案した。

─【ポイントと解説】─

女性が2回目の発話で How about this one? と尋ねたのに対し，男性は It's all organic and good for the environment. と答えている。これに対し，女性が3回目の発話で Fine. I'll try it と言っているのを聴き取り，男性が何をしたかを理解する。

問14 **14** ①

【読み上げられた英文】

W : You're all wet ! Didn't you take your umbrella with you?

M : No. So my backpack got all wet in the rain !

W : Was your phone in there?

M : Yes. Luckily my phone's waterproof, but **the book I borrowed from the library got wet.**

W : Is your tablet OK?

M : Yes. I didn't take it to school.

【対話の訳】

女性：びしょ濡れね！ 傘を持って行かなかったの？

男性：そうなんだ。だから僕のリュックは雨でびしょ濡れになったんだ！

女性：携帯電話はその中に入っていたの？

男性：うん。運よく，僕の携帯電話は防水なんだ，で**も図書館から借りた本が濡れちゃったよ。**

女性：タブレットは大丈夫？

男性：うん。僕はそれを学校に持って行かなかったんだ。

【質問と選択肢の訳】

質問：雨で何が被害を受けたのか。

① 本
② 携帯電話
③ タブレット
④ 傘

─【ポイントと解説】─

男性（兄）が2回目の発話で the book I borrowed from the library got wet と言っているのを聴き取り，雨で被害を受けたのは何かを理解する。

問15 **15** ①

【読み上げられた英文】

W : Let's go to the restaurant first !

M : What do you mean? We're planning to eat dinner after all the rides. And the park doesn't close until 10 p.m.

W : **We need to reserve a table before we start going on rides.**

M : But **we can do it by smartphone.**

W : **OK. Let's do that now.**

【対話の訳】

女性：まずレストランに行きましょう！

男性：どういう意味？ 僕らは，すべてのライドの後で夕食を取る予定だよ。それに，ここのパークは午後10時まで閉まらないよ。

女性：**ライドに乗り始める前にテーブルを予約する必要があるわ。**

男性：でもそれはスマホでできるよ。

女性：わかったわ。じゃあ今，それをしましょう。

【質問と選択肢の訳】

質問：彼らはこれから何をするつもりか。

① 夕食のテーブルを予約する
② レストランに行く
③ パークから出る
④ ライドに乗り始める

─【ポイントと解説】─

女性の2回目の発話 We need to reserve a table before we start going on rides. に対し，男性が we can do it by smartphone と言って，それに対し女性が最後の発話で OK. Let's do that now. と言っているのを聴き取り，彼らはこれから何をするつもりかを理解する。

問16 **16** ③

【読み上げられた英文】

W : Hey, I'm moving on Saturday. Can you carry some boxes in the evening?

M : Sorry, I have to work then. But **in the morning I can help you get ready to move.**

W : Thank you ! Should I get pizza delivered for lunch?

M : That's OK. I'll have a big breakfast before I come over.

【対話の訳】

女性：ねぇ，私，土曜日に引っ越しをするの。夕方に箱をいくつか運んでくれない？

男性：ごめん，そのときは仕事をしなければならないんだ。でも**午前中なら引っ越しの準備の手伝いができるよ。**

女性：ありがとう！ 昼食にピザのデリバリーを頼んだほうがいいかしら？

— 18 —

男性：それは大丈夫だよ。そっちに行く前に朝食を
たっぷり食べるから。

【質問と選択肢の訳】

質問：男性は土曜日の午前中に何をするか。

① ピザを食べる

② 仕事に行く

③ 家の掃除を手伝う

④ 新居に引っ越す

── **【ポイントと解説】** ──

　女性から今週の土曜日に引っ越しをする手伝いを
頼まれ，男性が最初の発話で in the morning I can
help get ready to move と言っているのを聴き取
り，男性は土曜日の午前中に何をするかを理解す
る。

問17　17　④

🔽 **【読み上げられた英文】**

W : While you were relaxing alone in the room, I
went to **the pool**.

M : How was it?

W : **It was terrible.**

M : What was wrong with it?

W : **It was freezing cold, and the floor around the
pool was slippery.　Someone could get hurt !**

M : That is a problem.　Maybe we should tell the
manager.

【対話の訳】

女性：あなたが部屋で一人でくつろいでいる間に，私
はプールに行ったの。

男性：どうだった？

女性：ひどかったわ。

男性：何が問題だったんだい？

女性：凍えるほど寒くて，プールの周りの床が滑りや
すかったの。誰かが怪我をするかもしれない
わ！

男性：それは問題だね。ひょっとすると支配人に言っ
たほうがいいかもね。

【質問と選択肢の訳】

質問：女性はホテルについてどう思っているか。

① 雰囲気は落ち着いていてリラックスできる。

② ホテルの部屋は十分に暖かくない。

③ 支配人はとても親切で協力的である。

④ プールは快適でも安全でもない。

── **【ポイントと解説】** ──

　プールに行ってきたという女性に，男性がどう
だったかと尋ねたところ，女性が2回目の発話で It

was terrible. と答え，さらに3回目の発話で It was
freezing cold, and the floor around the pool was
slippery.　Someone could get hurt ! と言っている
のを聴き取り，女性はホテルについてどう思ってい
るかを理解する。

第4問

A　モノローグ型図表完成問題

問18〜21　18　②，19　①，20　③，21　④

🔽 **【読み上げられた英文】**

Over the weekend, I was home by myself.　I got
hungry, so I decided to make myself lunch.
**(18)When I checked the cabinets, I realized that we
had plenty of food, but no bread.　(19)I decided to
ride my bike to the grocery store to get some.**
There weren't many cars on the road, which made
the trip less dangerous.　When I got to the store,
(20)I bumped into Jake, who was on his way to the
library.　**(21)I grabbed what I needed and got home
in time to make a sandwich and watch my
favorite TV show.**

【全訳】

　週末はずっと僕は一人で家にいました。お腹が空い
たので，自分で昼食を作ることにしました。**(18)戸棚を
確認すると，たくさん食べ物はありましたが，パンが
ないことに気付きました。(19)自転車に乗って食料品店
に行き少し買うことにしました。**道路に車は多くな
く，それによって移動はあまり危なくありませんでし
た。店に着くと，**(20)ジェイクにばったり会いました**
が，彼は図書館に行く途中だったのです。**(21)僕は必要
なものを手に取り，サンドイッチを作って自分の大好
きなテレビ番組を見るのに間に合うように家に帰りま
した。**

── **【ポイントと解説】** ──

　話の展開が，When I checked the cabinets, I
realized that we had plenty of food, but no bread.
→ I decided to ride my bike to the grocery store
to get some. → I bumped into Jake → I grabbed
what I needed and got home in time to make a
sandwich and watch my favorite TV show. と
なっているのを理解し，その内容を表すイラストを
順に並べる。

問22〜25　22　②，23　③，24　③，25　⑤

🔽 **【読み上げられた英文】**

All the lectures have been assigned to rooms

── 19 ──

based on how many people have signed up. Lectures with fewer than fifty people signed up will be in Room 1. (22)**Lectures with between fifty and seventy guests are in Room 2**, and (23)(24)**those with between seventy-one and ninety will go in Room 3**. Lectures with more than 90 guests will be in Room 4. Oh, one more thing. (25)**All lectures focusing on college applications will be in the main hall.**

【全訳】

　すべての講義は，申し込み手続きをした人数に基づいて部屋が割り当てられました。申し込み人数が50人より少ない講義は Room 1で行われます。(22)参加者が50人から70人の講義は Room 2で，(23)(24)71人から90人の講義は Room 3となります。参加者が90人を超える講義は Room 4で行われます。あっ，もう1つ。(25)大学の出願に焦点を当てた講義はすべてメインホールで行われます。

> ─【ポイントと解説】─
>
> 　Lectures with between fifty and seventy guests are in Room 2 を聴き取り，問22の解答を特定する。次に，those with between seventy-one and ninety will go in Room 3 を聴き取り，問23と問24の解答を特定する。さらに，All lectures focusing on college applications will be in the main hall. を聴き取り，問25の解答を特定する。

B　モノローグ型質問選択問題

問26　26　①

🔊5233【読み上げられた英文】

① The Comfortable Shell is my favorite tent. **You can use it in any season**, and **it comes with a special sheet to block the rain**. And **it's not complicated to set up**, so you won't get frustrated after a long day of hiking.

② I love camping in the Deep Woods Home tent. **You can put it together in less than ten minutes**, and the light fabric is perfect for warm summer nights. Don't forget to put the rain cover on !

③ For experienced campers, the Trail Master Ultra is the best choice. The extra time spent assembling the tent is worth it because nothing can knock it down. **Mine has survived rain storms and high winds without a scratch.**

④ If you want a tent for any situation, the World Explorer is for you. **It is made to be so easy that even a child can set it up.** There's a window that can be open or closed to make **the tent comfortable in temperatures from zero to thirty degrees Celsius.**

【質問の訳】

　26　は，あなたが選ぶ可能性が最も高いテントである。

【全訳】

① Comfortable Shell が私の大好きなテントです。**どの季節でもそれを使うことができ，雨よけのための専用シートがついています。そしてそれは張るのが複雑ではないので，一日の長いハイキングの後にイライラすることがないでしょう。**

② 私は Deep Woods Home テントでキャンプをするのが大好きです。**これは10分足らずで張ることができ，**軽い素材はやや暑い夏の夜に最適です。雨よけカバーをかけるのを忘れないでください！

③ キャンプの経験豊かな方には，Trail Master Ultra が最適な選択です。テントを張るのには時間が余分にかかりますが，それだけの価値はあります。何があってもテントは倒れないからです。**私のは傷が1つたりともつかず暴風雨や強風を乗り切ることができました。**

④ どんな状況でも使えるテントが欲しいのなら，World Explorer がお薦めです。**子どもでも張ることができるほど簡単な作りです。摂氏0度から30度の気温でテント内を快適にするように，それ**には開閉できる窓がついています。

> ─【ポイントと解説】─
>
> 　Comfortable Shell に関して，You can use it in any season（Bの条件），it comes with a special sheet to block the rain（Cの条件），it's not complicated to set up（Aの条件）を聴き取り，すべての条件を満たしていることを理解する。
>
> 　Deep Woods Home は，Aの条件を満たしているが，BとCの条件を満たしていない。
>
> 　Trail Master Ultra は，Cの条件を満たしているが，Aの条件を満たしておらず，Bの条件に関しては述べられていない。
>
> 　World Explorer は，AとBの条件を満たしているが，Cの条件に関しては述べられていない。

第5問 モノローグ型長文ワークシート完成・選択問題

問27〜32　27　〜　32

🔊【読み上げられた英文】

Clothing has always been an important part of society. As a student, you may be required to wear a uniform, which means everyone in your school should dress the same. In some developed countries, it is more common for a school to have (27)**a dress code, which is defined as a set of guidelines for what kinds of clothes to wear**. Even though some schools don't have dress codes, they have unwritten rules that don't allow some types of clothing, such as shirts with bad words or images on them. While (33)**the relationship between dress codes and academics is not fully understood**, the purpose of dress codes is to teach students to behave differently at home and at school.

For adults, more informal dress codes apply. Some people wear uniforms at work, but most have to make their own decisions about what is appropriate. For the majority of people, comfortable casual clothing can be worn any time except at work. Generally, (28)**"smart casual" clothing is more relaxed and comfortable, making it perfect for parties and ceremonies**. On the other hand, (29)**"dress casual" combines some elements of comfort with more formal pieces and is perfect for serious settings like work**.

Just like in school, it is not clear exactly what kind of effect dress codes have on personal or group performance. After all, (30)**schools with stricter dress codes are often in wealthy areas and have resources to encourage student achievement**. Likewise, (31)**businesses that demand more formal clothing from their workers tend to also require advanced education and job skills**. (32)**No matter what the psychological effects of dress codes are on the individual, it may be desirable to dress appropriately depending on the situation.**

【全訳】

衣類は常に社会の重要な一部であり続けています。学生として,あなたは制服の着用が義務付けられているかもしれません。つまり,それは同じ学校の学生全員が同じ服を着なければいけないということです。一部の先進国では,学校は服装規定をもつのがより一般的であり,(27)**服装規定はどんな種類の服を着るべきか**に関する一連のガイドラインとして定義されています。服装規定がない学校もありますが,そういう学校でも汚い言葉や絵がプリントされているシャツなど,特定の衣類を認めない不文律があります。(33)**服装規定と学業成績の関係は完全にはわかっていません**が,服装規定の目的は,生徒に自宅と学校では異なる行動を取るように教えることです。

大人の場合は,より略式の服装規定があてはまります。一部の人は職場で制服を着ますが,大半の人は何が適切かについて自分自身で判断しなければなりません。大多数の人にとって,快適なカジュアルな衣類は,職場以外ではいつでも身に着けることができます。一般に,(28)**「スマートカジュアル」な衣類は,より**くつろいだもので快適なため,パーティーやセレモニーなどに最適です。一方,(29)**「ドレスカジュアル」は,快適さの要素の一部をよりフォーマルな服と組み合わせたもので,職場などの真剣さが求められる状況**に最適です。

学校の場合とちょうど同様に,服装規定が個人あるいはグループの業績にまさにどのような影響を及ぼすかは明らかではありません。結局のところ,(30)**より厳格な服装規定がある学校は,往々にして裕福な地域にあり,生徒の学業成績を後押しする財源があるのです**。同様に,(31)**よりフォーマルな衣類を従業員に求める企業はまた高等教育と職業技能を要求する傾向にあ**ります。(32)**服装規定が個人に与える心理的影響がいかなるものであろうと,状況に応じてふさわしい服装をすることが望ましいでしょう。**

問27　27　①

【選択肢の訳】

① どんな服を着るべきかについての一般的な規則
② フォーマルドレスとは何かに対するガイドライン
③ 学校の制服に関しての特別な規定
④ ある種類の衣類に対する不文律

―【ポイントと解説】―

　Dress Code の定義については,英文前半の a dress code, which is defined as a set of guidelines for what kinds of clothes to wear を聴き取り,どんな服を着るかに関する規則であることを理解する。

問28〜31　28　⑤,　29　⑥,　30　①,　31　②

【選択肢の訳】

① 成績

② 教育
③ 私的な行事
④ 財源
⑤ 社交的な集まり
⑥ 職場

―【ポイントと解説】―
　Dress Codes for Adults「大人にとっての服装規定」のうち，Smart casual「スマートカジュアル」に関しては，英文中程の "smart casual" clothing …, making it perfect for parties and ceremonies を聴き取り，パーティーやセレモニーなどの社交的な集まりに最適であることを理解する。Dress casual「ドレスカジュアル」に関しては，"dress casual" … is perfect for serious settings like work を聴き取り，職場に最適であることを理解する。
　Dress Codes for Schools and Businesses「学校と企業の服装規定」のうち，より厳格な服装規定をもっている学校が求めるものについては，英文後半の schools with stricter dress codes … have resources to encourage student achievement を聴き取り，より高い成績であることを理解する。よりフォーマルな衣類を課す企業が求めるものについては，businesses that demand more formal clothing from their workers tend to also require advanced education and job skills を聴き取り，高等教育であることを理解する。

問32　32　②
【選択肢の訳】
① 厳格な服装規定があると学業面での成功が高まる。
② 状況に応じて適切な服装をするべきだと提案されている。
③ 厳格な服装規定は人々が効率よく働くのを阻害することがある。
④ 学校での成績と職場での業績には密接な関係がある。

―【ポイントと解説】―
　英文最後の No matter what the psychological effects of dress codes are on the individual, it may be desirable to dress appropriately depending on the situation. を聴き取り，状況に応じて適切な服装をするのが望ましいと提案されていることを理解する。

問33　33　②
【読み上げられた英文】
　Look at this graph of American public school uniform rates. **Recent studies suggest that adopting uniforms might lead to better academic performance among students. American public schools have been reacting to that information.** What can we learn from all this?
【全訳】
　アメリカの公立学校の制服採用率を示したこのグラフを見てください。**最近の研究が示すところでは，制服を採用すると生徒の学業成績が向上する可能性があるということです。アメリカの公立学校はその情報に対応してきているのです。**私たちはこういったことすべてから何がわかりますか。
【選択肢の訳】
① より多くのアメリカの公立学校は，制服を着るべきかどうかを生徒が選択できるようにしている。
② より多くのアメリカの公立学校は，制服を着ると学業成績が向上することに気付きつつある。
③ アメリカの公立学校の生徒は，制服にも服装規定にもまったく影響を受けていない。
④ アメリカの公立学校の生徒は，自分が選ぶ服がどんなものであろうとそれを着ることが許されると勉強にいっそう励む。

―【ポイントと解説】―
　グラフから制服つまり服装規定を採用しているアメリカの公立の小学校が増えていることを押さえておく。先に読み上げられた講義の前半で the relationship between dress codes and academics is not fully understood と説明されていたのに対し，講義の続きの英文の Recent studies suggest that adopting uniforms might lead to better academic performance among students. American public schools have been reacting to that information. で，最近の研究で制服の採用が学力向上につながる可能性が示唆され，それにアメリカの公立学校が対応していると述べられているのを聴き取り，情報を重ね合わせて判断する。

第6問
A　対話文質問選択問題
問34・35　34　35
【読み上げられた英文】
Amy: Hi, Luke.　I heard you got a puppy !

― 22 ―

Luke: I did, Amy. He's cute and playful. We spend all our time together, but I'm worried that he'll still get lonely.

Amy: You mean when you go to work?

Luke: Just in general. I've read that pets should have other animals as their friends.

Amy: It's true. When I was growing up, we had a dog and a cat that played together.

Luke: I was thinking about getting a cat.

Amy: (34)**Then you need to have enough space. I** grew up in the countryside with lots of room for them to run around.

Luke: Hmm ... I don't have much room in my apartment.

Amy: (34)**You also have to consider cost. Pets are expensive.** Can you afford to pay twice as much to care for them?

Luke: I guess not.

Amy: The good news is that there are other ways to help your puppy make friends. (35)**You can take him to a dog park.**

Luke: (35)**Oh, that's a great idea!**

Amy: (35)**And you can set up times for your dog to meet any of your friends' pets.**

Luke: (35)**Thanks, Amy. Now I feel a lot better.**

【対話の訳】

エイミー：こんにちは，ルーク。子犬を手に入れたって聞いたわ！

ルーク：そうだよ，エイミー。かわいくて茶目っ気があるんだ。いつも一緒に時間を過ごしているんだけど，それでも寂しくなるんじゃないかと心配でね。

エイミー：あなたが仕事に出るときってこと？

ルーク：どんな場合でもだよ。ペットは友だちとして他の動物がいたほうがいいって読んだことがあるんだ。

エイミー：それはそのとおりよ。私が子どもの頃，うちで飼っていた犬と猫は一緒に遊んでいたわ。

ルーク：猫を飼おうと考えていたんだ。

エイミー：(34)だとしたら，十分なスペースが必要になるわね。私が育ったのは田舎で，あの子たちが走り回るスペースがたくさんあったのよ。

ルーク：うーん…僕のアパートにはそんなにスペースはないなあ。

エイミー：(34)それに費用のことも考慮に入れなければ

だめよ。ペットってお金がかかるのよ。二匹の世話をするのに２倍のお金を払う余裕はあるの？

ルーク：ないと思うよ。

エイミー：いいニュースがあるわ。他にもあなたの子犬が友だちを作るのを助ける方法があるわよ。(35)ドッグパークに連れて行ってあげるのよ。

ルーク：(35)あー，それはすごくいい考えだ！

エイミー：(35)それとあなたの犬が友だちのペットと出会う機会を設けてあげることだってできるわ。

ルーク：(35)ありがとう，エイミー。ずいぶんと気が楽になったよ。

【質問と選択肢の訳】

問34 | 34 | ③

　エイミーが最も賛同するであろう説明はどれか。

① 犬と猫は通常，一緒に走り回って遊ぶことはしない。

② ペットの情緒的健康は常に考慮しなければならない。

③ ペットを飼うのは考慮すべきことが多く責任を伴う行為だ。

④ 一部のペットは動物と交流するよりもできれば独りでいたいと思う。

問35 | 35 | ④

　会話の後で自分の飼い犬に関してルークはどの決定をするか。

① 自分の犬のために猫をもらうこと

② 自分の犬のためにもう一匹犬をもらうこと

③ 自分の犬を友人にあげること

④ 自分の犬とだけ一緒にいること

【ポイントと解説】

問34 | 34

　エイミーの４回目の発話にある Then you need to have enough space. や，５回目の発話にある You also have to consider cost. Pets are expensive. を聴き取り，ペットを飼うにあたってはいろいろと考慮すべきことがあると考えていることを理解し，エイミーが最も賛同すると思われる説明を選ぶ。

問35 | 35

　エイミーの説明を聞いて複数のペットを飼うことは難しいと感じ始めたルークが，You can take him to a dog park. というエイミーの提案を聞き，６回目の発話で Oh, that's a great idea! と言っている。

— 23 —

さらに、エイミーの And you can set up times for your dog to meet any of your friends' pets. という別の提案を聞き、ルークは7回目の発話で Thanks, Amy. Now I feel a lot better. と言っている。以上を聴き取り、ルークは今までどおり一匹の犬だけを飼い続ける決定をすると判断する。

B　会話長文意見・図表選択問題

問36・37　36 ①，37 ③

🔊5244【読み上げられた英文】

Ken: We finally finished our exams, Lauren! Are you excited for the summer?

Lauren: (36)**I'm ready for a break, Ken, but I wish it wasn't so long.**

Mark: How can you say that, Lauren? Summer is when we get to be completely free!

Lauren: There are still some rules, Mark. And I don't know ... I just get bored and miss my friends.

Nancy: On top of that, it leads to a lot of time getting wasted at school.

Ken: What do you mean by that, Nancy?

Nancy: Well, (37)**students forget a lot over the summer.** Then teachers have to take a few weeks to teach it again after the vacation.

Mark: That wouldn't be a problem if students studied during the summer.

Nancy: Do you, Mark?

Mark: Hmm ... I guess not.

Lauren: I schedule some days to study over the summer when I don't have anything else to do.

Ken: That's a very responsible attitude, Lauren. I think a long vacation is a good chance for students to learn how to manage their own schedule.

Nancy: You're right, Ken. I guess the long break isn't all bad.

Lauren: (36)**I still wish it was shorter, Nancy.**

Mark: It could never be long enough for me, Lauren!

【会話の訳】

　　ケン：ようやく試験が終わったね，ローレン！ 夏に向けてわくわくするかい？

ローレン：(36)ケン，休暇の用意はできているけど，それほど長くなければいいのにと思うわ。

　　マーク：どうしてそんなことが言えるんだい，ローレン？ 夏は僕らが完全に自由になれる時だよ！

ローレン：それでも決まりごとはいくつかあるわよ，マーク。それにわからないけど…私，とにかく退屈しちゃうし，友だちと会えなくて寂しくなるわ。

ナンシー：その上，学校で多くの時間が浪費されることになるわ。

　　ケン：それ，どういう意味だい，ナンシー？

ナンシー：だって，(37)夏の間に学生たちが多くを忘れてしまうでしょ。そうすると先生方は休みの後で数週間をかけてそれを再び教えなければならないもの。

　　マーク：夏の間に学生たちが勉強すればそれは問題にならないんじゃないの。

ナンシー：あなた，勉強する，マーク？

　　マーク：うーん…しないかな。

ローレン：私は夏の間，他に何もすることがないとき何日かは勉強する予定を立てるわ。

　　ケン：それはとてもしっかりした心構えだね，ローレン。僕が思うに，長期の休暇というのは学生にとって自分自身のスケジュールをどう管理するかを学ぶ良い機会だよ。

ナンシー：あなたの言うとおりね，ケン。長い休みもそう悪いことではないわね。

ローレン：(36)ナンシー，それでも私は休みがもっと短ければいいのにと思うわ。

　　マーク：僕にとっては，決して十分な長さじゃないよ，ローレン！

┌─【ポイントと解説】─────────┐

問36　36

　ローレンの最初の発話 I'm ready for a break, Ken, but I wish it wasn't so long. と，4回目の発話 I still wish it was shorter, Nancy. を聴き取り，夏休みは長くなくていいと考えていたのはローレン1人であることを理解する。

問37　37

　ナンシーの2回目の発話にある students forget a lot over the summer を聴き取り，ナンシーの考えの根拠となる図表を選ぶ。

└────────────────────┘

— 24 —

第3回 解答・解説

設問別正答率

解答番号	1	2	3	4	5	6	7	8	9	10
配点	4	4	4	4	3	3	3	4	4	4
正答率(%)	66.4	41.6	37.9	72.8	71.8	66.2	94.3	91.3	93.8	28.8
解答番号	11	12	13	14	15	16	17	18-21	22	23
配点	4	3	3	3	3	3	3	4	1	1
正答率(%)	65.6	53.4	61.3	44.9	56.3	87.0	53.4	36.0	65.2	16.3
解答番号	24	25	26	27	28-29	30-31	32	33	34	35
配点	1	1	4	3	2	2	4	4	3	3
正答率(%)	45.0	41.7	35.6	75.0	42.5	37.7	68.1	42.2	27.8	40.1
解答番号	36	37								
配点	4	4								
正答率(%)	48.2	38.9								

設問別成績一覧

設問	設　問　内　容	配　点	全　体	現　役	高　卒	標準偏差
合計		100	55.9	55.0	66.4	17.8
1	短文発話内容一致問題	25	15.7	15.5	18.0	5.7
2	対話文イラスト選択問題	16	11.2	11.1	12.2	3.2
3	対話文質問選択問題	18	10.7	10.5	12.7	4.6
4	モノローグ型中文内容把握問題	12	4.5	4.4	6.2	3.5
5	モノローグ型長文内容把握問題	15	8.3	8.1	10.6	4.5
6	会話長文質問選択問題	14	5.5	5.4	6.7	3.6

— 25 —

(100点満点)

問題番号	設問	解答番号	正解	配点	自己採点
第1問	A	問1　1	②	4	
		問2　2	③	4	
		問3　3	①	4	
		問4　4	②	4	
	B	問5　5	④	3	
		問6　6	②	3	
		問7　7	③	3	
第1問　自己採点小計				(25)	
第2問		問8　8	②	4	
		問9　9	②	4	
		問10　10	③	4	
		問11　11	②	4	
第2問　自己採点小計				(16)	
第3問		問12　12	②	3	
		問13　13	③	3	
		問14　14	④	3	
		問15　15	①	3	
		問16　16	①	3	
		問17　17	①	3	
第3問　自己採点小計				(18)	

問題番号	設問	解答番号	正解	配点	自己採点
第4問	A	問18　18	③	4※	
		問19　19	④		
		問20　20	②		
		問21　21	①		
		問22　22	②	1	
		問23　23	①	1	
		問24　24	④	1	
		問25　25	①	1	
	B	問26　26	①	4	
第4問　自己採点小計				(12)	
第5問		問27　27	①	3	
		問28　28	⑥	2※	
		問29　29	④		
		問30　30	③	2※	
		問31　31	①		
		問32　32	①	4	
		問33　33	④	4	
第5問　自己採点小計				(15)	
第6問	A	問34　34	④	3	
		問35　35	③	3	
	B	問36　36	④	4	
		問37　37	④	4	
第6問　自己採点小計				(14)	
自己採点合計				(100)	

（注）　※は，全部正解の場合のみ点を与える。

※解説の 5303 ～ 5344 はトラック番号（MP3のファイル名）を示しています。

— 26 —

※【読み上げられた英文】および【訳】で太字になっている部分は，聴き取りの上で重要な部分を示しています。

第1問

A 短文発話内容一致問題

問1　**1**　②

【読み上げられた英文】

Yesterday was very warm, so **I left my coat at home**.

【英文と選択肢の訳】

昨日はとても暖かかったので，私は自分のコートを家に置いてきたわ。

① 話し手は昨日，コートを家に置き忘れなかった。
② 話し手は昨日，コートを持って行かなかった。
③ 話し手は昨日，コートを忘れてきた。
④ 話し手は昨日，寒くないようにコートを着た。

──【ポイントと解説】──
I left my coat at home を聴き取り，話し手はコートを持って行かなかったことを理解する。

問2　**2**　③

【読み上げられた英文】

Steve, **I need to buy a train ticket**. **Wait on the platform for me**.

【英文と選択肢の訳】

スティーブ，私，電車の切符を買わなきゃ。プラットホームで私を待ってて。

① 話し手はスティーブに電車の切符を買うように頼んでいる。
② 話し手はスティーブに電車の切符を買ってあげている。
③ 話し手は自分で電車の切符を買いに行く。
④ 話し手はプラットホームでスティーブを待つ。

──【ポイントと解説】──
I need to buy a train ticket と Wait on the platform for me. を聴き取り，話し手は自分で電車の切符を買いに行くことを理解する。

問3　**3**　①

【読み上げられた英文】

I haven't eaten lunch yet. I brought a sandwich that I got at the store.

【英文と選択肢の訳】

私，まだ昼食を食べていないの。お店で買ったサンドイッチを持って来たわ。

① 話し手は食べるためのサンドイッチを買った。
② 話し手はすでに昼食を取った。
③ 話し手は自分用にサンドイッチを作った。
④ 話し手は店で昼食を買う。

──【ポイントと解説】──
I haven't eaten lunch yet. I brought a sandwich that I got at the store. を聴き取り，話し手は自分が食べるためのサンドイッチを店で買ったことを理解する。

問4　**4**　②

【読み上げられた英文】

Nick usually takes a shower in the morning, but today he woke up too late.

【英文と選択肢の訳】

ニックはたいてい朝にシャワーを浴びるが，今日は起きるのが遅すぎた。

① ニックは今朝すでにシャワーを浴びた。
② ニックは今朝シャワーを浴びなかった。
③ ニックは朝めったにシャワーを浴びない。
④ ニックはいつもどおり早起きしてシャワーを浴びた。

──【ポイントと解説】──
Nick usually takes a shower in the morning, but today he woke up too late. を聴き取り，ニックは今朝シャワーを浴びなかったことを理解する。

B 短文発話イラスト選択問題

問5　**5**　④

【読み上げられた英文】

These five baseball players wore their uniforms for the photograph. However, **some forgot their caps**.

【英文の訳】

写真撮影のためにこの5人の野球選手はユニフォームを着た。しかし，帽子を忘れたものがいた。

──【ポイントと解説】──
These five baseball players と some forgot their caps を聴き取り，野球選手が5人いて，そのうち帽子をかぶっていない選手が複数いるイラストを選ぶ。

— 27 —

問6　6　②

【読み上げられた英文】
　The keys are on that table. I put them on my gloves.

【英文の訳】
　鍵はあのテーブルの上にあります。私はそれらを自分の手袋の上に置きました。

【ポイントと解説】
　The keys are on that table. I put them on my gloves. を聴き取り，鍵が手袋の上に置いてあるイラストを選ぶ。

問7　7　③

【読み上げられた英文】
　I ordered this bike because it's big and has a basket.

【英文の訳】
　私がこの自転車を注文したのは，大きくてカゴがついているからです。

【ポイントと解説】
　it's big and has a basket を聴き取り，カゴのついている大きい自転車のイラストを選ぶ。

第2問　対話文イラスト選択問題

問8　8　②

【読み上げられた英文】
M : Can I help with the shopping?
W : Sure. Get a box of laundry soap from the top shelf.
M : The smaller size?
W : No, the other one.
Question: Which box would the woman like?

【対話と質問の訳】
男性：買い物のお手伝いをしましょうか。
女性：ええ。洗濯洗剤を1箱，一番上の棚から取ってください。
男性：小さいサイズのほうですか。
女性：いいえ，もう1つのほうです。
質問：女性はどの箱を欲しがっているか。

【ポイントと解説】
　女性(客)が最初の発話で Get a box of laundry soap from the top shelf. と頼んだことを受け，男性(店員)が The smaller size? と尋ねたのに対し，女性が No, the other one. と答えているのを聴き取り，女性が欲しがっている箱を特定する。

問9　9　②

【読み上げられた英文】
W : Have you decided yet?
M : Yes, I'll take that one with strawberries on top.
W : Do you want the whole cake?
M : It's just for my dessert. I don't need that much.
Question: Which cake is the man going to buy?

【対話と質問の訳】
女性：もう決まりましたか。
男性：はい，上にイチゴが乗っているのにします。
女性：ホールケーキにされますか。
男性：自分用のデザートなので。そんなにたくさんは要りません。
質問：男性はどのケーキを買うつもりか。

【ポイントと解説】
　どのケーキに決めたかを女性(店員)から聞かれた男性(客)が，最初の発話で I'll take that one with strawberries on top と言ったことを受け，女性が Do you want the whole cake? と尋ねたのに対し，男性が I don't need that much. と答えているのを聴き取り，男性が買うつもりのケーキを特定する。

問10　10　③

【読み上げられた英文】
M : Does this pasta have meat in it?
W : This leaf symbol shows it does not use any.
M : What about eggs?
W : This symbol is crossed out. That means there are none, either.
Question: Which picture shows what they are talking about?

【対話と質問の訳】
男性：このパスタには肉が入っているの？
女性：この葉っぱの記号は肉を一切使ってないことを示しているのよ。
男性：卵はどう？
女性：この記号にはバツがつけられているわ。それは卵も一切入ってないことを意味しているのよ。
質問：彼らが話しているのを示しているのはどの絵か。

【ポイントと解説】
　男性(息子)がパスタに肉が入っているかを尋ねたのに対し，女性(母親)が最初の発話で This leaf symbol shows it does not use any. と答えている。さらに男性が卵について尋ねたのに対し，女性が

This symbol is crossed out. と答えているのを聴き取り，彼らが話しているのを示している絵を特定する。

問11　11　②

【読み上げられた英文】
W: Let's sit close to the speaker.
M: I don't want to be in the first row, though.
W: The sunlight is too bright by the windows.
M: Then let's sit on the other side.
Question: Where will the speakers sit?

【対話と質問の訳】
女性：講演者の近くに座りましょう。
男性：でも，最前列に座るのは嫌だな。
女性：窓際は日の光が明るすぎるわね。
男性：じゃあ反対側に座ろう。
質問：話し手たちはどこに座るか。

【ポイントと解説】
　女性が最初の発話で Let's sit close to the speaker. と言ったのに対し，男性が I don't want to be in the first row と言い，さらに女性が The sunlight is too bright by the windows. と言ったのに対し，男性が let's sit on the other side と言っているのを聴き取り，話し手たちが座る席を特定する。

第3問　対話文質問選択問題

問12　12　②

【読み上げられた英文】
M: Have you read the book we need for class?
W: No, I'm going to the bookstore to get it now.
M: Really? I'm going to read it online.
W: I'd rather have my own book.
M: I think that book is really expensive.
W: Maybe, but I like taking notes on the pages.

【対話の訳】
男性：授業に必要な本はもう読んだ？
女性：いいえ，これから本屋に行って買うつもりよ。
男性：本当？　僕はオンラインでそれを読むつもりだよ。
女性：私はむしろ自分自身の本があったほうがいいわ。
男性：あの本はとても高価だと思うよ。
女性：そうかもね。でも私はページにメモするのが好きなの。

【質問と選択肢の訳】
質問：女性は何をする可能性が高いか。

① 図書館から本を借りる
② 授業に必要な本を買う
③ インターネットで本を探す
④ 授業用の本をオンラインで読む

【ポイントと解説】
　授業に必要な本をすでに読んだかどうかを男性から尋ねられた女性が，最初の発話で I'm going to the bookstore to get it now と答え，さらに2回目の発話で I'd rather have my own book. と言っているのを聴き取り，女性は何をする可能性が高いかを理解する。

問13　13　③

【読み上げられた英文】
M: I'd like a table for five people on Friday.
W: There is a table available at 7 p.m. The next one is 9 p.m.
M: That's too late. Isn't there anything earlier?
W: Well, you could sit at the counter if you like.
M: I prefer a table. Then, I guess I'll take the first one available.

【対話の訳】
男性：金曜日に5人でテーブルを予約したいのですが。
女性：午後7時に空いているテーブルがあります。その次は午後9時になります。
男性：それでは遅すぎます。もっと早いのはありませんか。
女性：そうですね，もしよろしければカウンターにお座りいただくこともできますが。
男性：テーブルのほうがいいです。では，空いている最初のにしようと思います。

【質問と選択肢の訳】
質問：男性の予約は何時か。
① 午後1時
② 午後5時
③ 午後7時
④ 午後9時

【ポイントと解説】
　女性が最初の発話で There is a table available at 7 p.m. The next one is 9 p.m. と言ったのを受け，男性が最後の発話で I guess I'll take the first one available と言っているのを聴き取り，男性の予約が何時かを理解する。

問14 14 ④
🔊 【読み上げられた英文】

W : I must leave now, Danny.

M : We haven't finished this project, though.

W : I know, but I have a dental appointment.

M : I'm afraid we really have to finish this tomorrow.

W : Don't worry. **I'll take care of my section when I get home this evening.**

M : Great.　Then we can get it all done on time.

【対話の訳】

女性：ダニー，私，もう行かないと。

男性：でも僕らはこのプロジェクトをまだ終えてないよ。

女性：わかってるわ。でも私，歯医者の予約があるの。

男性：申し訳ないけど，僕らは本当にこれを明日終わらせないといけないんだ。

女性：心配しないで。**今晩家に帰ったら自分の担当部分をやるから。**

男性：よかった。じゃあ僕らは予定どおりにそれをすべて終わらせることができるね。

【質問と選択肢の訳】

質問：女性は何をする可能性が高いか。

① 男性に仕事の自分の担当部分を終わらせるように頼む

② 歯医者の予約時間を変更する

③ プロジェクトの残りのすべてを明日終わらせる

④ 歯医者に行った後に自宅で仕事をする

―【ポイントと解説】―

　男性から明日プロジェクトを終わらせなければならないと言われたのを受け，女性が3回目の発話でI'll take care of my section when I get home this evening. と言っているのを聴き取り，女性は何をする可能性が高いかを理解する。

問15 15 ①
🔊 【読み上げられた英文】

W : Do you have any plans for **Saturday**?

M : No, I don't.

W : Great.　**I'm going to the beach.**　Do you want to come?

M : That sounds fun.　However, **it's supposed to rain all weekend.**

W : **Oh, no.**　I wanted to relax in the sun.

M : How about visiting a hot spring instead?

W : That's a good idea.

【対話の訳】

女性：土曜日の予定は何かある？

男性：いや，ないよ。

女性：よかった。**私，ビーチに行くつもりなの。**あなたも来ない？

男性：それは楽しそうだね。でも，**週末はずっと雨が降ることになっているよ。**

女性：えっ，そんなあ。太陽のもとでリラックスしたかったのに。

男性：代わりに温泉に行くのはどう？

女性：それはいい考えね。

【質問と選択肢の訳】

質問：女性は何にがっかりしているか。

① 彼女の計画が多分うまくいかないこと。

② 彼女がすでに温泉に行ったこと。

③ 男性が彼女と一緒に行くことができないこと。

④ 男性が彼女の考えを気に入らないこと。

―【ポイントと解説】―

　女性が最初の発話で男性の土曜日の予定を聞いた上で，2回目の発話で I'm going to the beach. と言っている。これを受け，男性が2回目の発話で it's supposed to rain all weekend と言ったのに対し，女性が Oh, no. と言っているのを聴き取り，女性は何にがっかりしているかを理解する。

問16 16 ①
🔊 【読み上げられた英文】

M : Oh, I can't get a photo here.

W : Why not?　This has different sizes of ID photos.

M : **I need a white shirt and a blue background. This wall is white.**

W : Look at the menu.　Aren't there different options?

M : You're right.　There are several choices.

W : This button lets you change the color.

M : Thanks.

【対話の訳】

男性：あっ，ここで写真は撮れないな。

女性：なぜ撮れないの？　これはいろいろなサイズの証明写真があるのよ。

男性：僕は白いシャツと青の背景が必要なんだ。この壁は白だよ。

女性：メニューを見て。違う選択肢はないの？

男性：君の言うとおりだね。いくつか選択肢があるよ。

女性：このボタンで色を変えられるわ。

― 30 ―

男性：ありがとう。

【質問と選択肢の訳】

質問：男の子は何を心配していたか。

① 背景の色
② ボタンのある場所
③ 選択肢の数
④ 写真のサイズ

―【ポイントと解説】―

男性が２回目の発話で I need a white shirt and a blue background. This wall is white. と言っているのを聴き取り，男性は何を心配していたかを理解する。

問17 [17] ①

【読み上げられた英文】

M : Did you enjoy the science museum?

W : **I really loved the displays, especially the special exhibit on volcanoes.**

M : Really? Did you have to pay extra?

W : Yes, and I also had to reserve a ticket in advance.

M : So you were able to reserve a ticket.

W : Yes. Otherwise I would have missed the best part.

【対話の訳】

男性：科学博物館は楽しかった？

女性：**私は展示物，特に火山の特別展がとても気に入ったわ。**

男性：そうなの？ 追加料金を払わなきゃいけなかったの？

女性：うん。それにチケットを事前に予約しなければいけなかったわ。

男性：じゃあ，チケットの予約ができたんだね。

女性：そうよ。そうじゃなかったら一番の見どころを逃していたわ。

【質問と選択肢の訳】

質問：女性は科学博物館についてどう思ったか。

① 彼女は火山展を最も楽しんだ。
② 彼女は一番の見どころを逃したことを悔やんだ。
③ 展示物は彼女の期待に添わなかった。
④ 特別展は値段が高すぎた。

―【ポイントと解説】―

男性が最初の発話で科学博物館は楽しかったかと聞いたのに対し，女性が I really loved the displays, especially the special exhibit on volcanoes. と答えているのを聴き取り，女性が科学博物館についてど

う思ったかを理解する。

第４問

A　モノローグ型図表完成問題

問18〜21 [18] ③，[19] ④，[20] ②，[21] ①

【読み上げられた英文】

Each year we survey new students about which type of activities they like to do in their free time. We compared the results for 2012 and 2022. The four most popular responses were "Art," "Entertainment," "Outdoor activities," and "Team sports." (19)**The most popular activity in 2012 was "Team sports," but it fell sharply in 2022.** (21)**"Art" was the least popular and saw a little rise over the decade.** Meanwhile, (18)**"Outdoor activities" increased the most.** (20)**"Entertainment" also increased, but not as much.**

【全訳】

毎年私たちは，新入生を対象として，彼らが自由時間にどんな種類の活動をしたいかについて調査をしています。私たちは2012年と2022年の結果を比較しました。４つの最も人気のある回答は「芸術」「娯楽」「野外活動」と「チームスポーツ」でした。 (19)2012年に最も人気があった活動は「チームスポーツ」でしたが，2022年には急落しました。 (21)「芸術」は一番人気がありませんでしたが，この10年間でやや上昇しました。一方，(18)「野外活動」は最も増加しました。(20)「娯楽」も増加しましたが，それほどではありませんでした。

―【ポイントと解説】―

The most popular activity in 2012 was "Team sports," but it fell sharply in 2022. を聴き取り，問19の解答を特定する。"Art" was the least popular and saw a little rise over the decade. を聴き取り，問21の解答を特定する。"Outdoor activities" increased the most. を聴き取り，問18の解答を特定する。"Entertainment" also increased, but not as much. を聴き取り，問20の解答を特定する。

問22〜25 [22] ②，[23] ①，[24] ④，[25] ①

【読み上げられた英文】

These are the items we have received today. I need you to help put them in the proper boxes. (23)(25)**All medical supplies go in Box 1, regardless of whether they are for adults or children.** (22)**Supplies for cleaning children's teeth go in Box 2**, with adults' in Box 3. (24)**Shower products for**

— 31 —

children go in Box 4, and those for adults in Box 5. For anything else, put it in Box 6.

【全訳】

　これらは私たちが今日受け取った品物です。それらを適切な箱に入れるのをあなたに手伝ってもらう必要があります。(23)(25)**医薬品は，大人用か子ども用かにかかわらず，すべて Box 1です。**(22)**子どもの歯を磨くための物は Box 2で，**大人用は Box 3です。(24)**子ども用のシャワー製品は Box 4に，**大人用は Box 5に入ります。他はどんなものでも Box 6に入れてください。

【ポイントと解説】

　All medical supplies go in Box 1, regardless of whether they are for adults or children. を聴き取り，問23と問25の解答を特定する。次に Supplies for cleaning children's teeth go in Box 2 を聴き取り，問22 の解答を特定する。最後に Shower products for children go in Box 4 を聴き取り，問24の解答を特定する。

B　モノローグ型質問選択問題

問26 〔26〕 ①

🔊(5333) **【読み上げられた英文】**

①　If you want to get fish without spending a lot of money, **you can get a Deep Water Guppy for about $40. They don't need a big tank of water**, and **they are friendly enough to live with all kinds of other creatures**.

②　**The most beautiful and peaceful fish my parents have in their little tank** is the Rainbow Molly Fish. Its scales reflect light in every color, and you can get one for just over $50.

③　I think you should get a Red-tipped Betta Fish because it is brave and strong. Remember, you need to keep it away from other fish, or they will fight. Betta fish are nice and cheap, too. **I got mine for around $25.**

④　With plenty of space to swim around, the Wide Eyed Tetra will be a happy member of your family. It's not an expensive fish, **only around $30**, and **it will love to play with any other fish** in your home tank.

【質問の訳】

　〔26〕は，あなたが選ぶ可能性が最も高い魚である。

【全訳】

①　お金をたくさん使わずに魚を手に入れたいなら，**Deep Water Guppy を約40ドルで買うことがで**

きます。大きな水槽を必要とせず，あらゆる種類の他の生き物と共存できるほど友好的です。

②　両親が小さい水槽で飼っている最も美しく，平和的な魚が，Rainbow Molly Fish です。その鱗が光を反射するとあらゆる色に見えます。50ドルちょっとで1匹買うことができます。

③　Red-tipped Betta Fish を手に入れるとよいと思います。それは勇敢で強いからです。忘れないでください，他の魚とは離して飼う必要があります。そうしないと，喧嘩してしまうでしょう。また Betta という魚はすばらしくそして安いです。**私が飼っているのは約25ドルで買いました。**

④　泳ぎ回るのに十分なスペースがあれば，Wide Eyed Tetra はあなたの家族の陽気な一員になるでしょう。高価な魚ではなく，**たった30ドルほど**です。それは家庭用の水槽で**他のどんな魚とも戯れるのを好む**でしょう。

【ポイントと解説】

　Deep Water Guppy に関して，about $40（Bの条件），They don't need a big tank of water（Cの条件），they are friendly enough to live with all kinds of other creatures（Aの条件）を聴き取り，すべての条件を満たしていることを理解する。

　Rainbow Molly Fish は，AとCの条件を満たしているが，Bの条件を満たしていない。

　Red-tipped Betta Fish は，Bの条件を満たしているが，Aの条件を満たしておらず，Cの条件については述べられていない。

　Wide Eyed Tetra は，AとBの条件を満たしているが，Cの条件を満たしていない。

第5問　モノローグ型長文ワークシート完成・選択問題

問27〜32 〔27〕〜〔32〕

🔊(5336) **【読み上げられた英文】**

　Today, our topic is the importance of protecting endangered species. Some animals become extinct through the process of natural selection or as a result of natural disasters. But research shows that (27)**the major reasons for the recent decline of many species are hunting, pollution, and habitat loss caused by the cutting down of forests.** Climate change is also a key factor. Because (27)(33)**human activities have a huge impact on animals' survival**, we can do something to protect them.

— 32 —

To protect endangered animals, we can start by supporting conservation efforts. This includes supporting organizations focused on protecting a specific endangered species in our area.

Reducing our own impact on the environment is also important. (28)**We should reduce our use of plastic**, being aware of the products we buy. Moreover, (29)**we should try to reduce our carbon emissions**, as it will help reduce the effects of climate change on the wildlife.

(30)**Making laws that protect endangered animals is important.** These should include bans on hunting and trading certain species. We should also push for stricter regulations on industries that have a negative impact on the environment.

(31)**We can also protect endangered animals by supporting research and education.** We should support research on ways to protect endangered species, and educational programs that teach people about the importance of protecting wildlife. (32)**Through research and education, we can make sure that the new generation is aware of the importance of protecting animals.**

As you can see, there are a number of ways we can help protect endangered animals, and I strongly believe that by working together, we can make a real difference.

Next, let's look at the case studies prepared by each group.

【全訳】

本日の私たちのテーマは，絶滅危惧種を保護することの重要性です。自然選択の過程や自然災害の結果として絶滅する動物もいます。しかし，研究が示すところでは，(27)**多くの種が近年減少している主な理由は，狩猟，汚染，そして森林伐採が引き起こした生息地の減少です。**気候変動もまた重要な要因となっています。(27)(33)**人間の活動が動物の生存に甚大な影響を与えている**ので，私たちには動物を守るために何かできることがあります。

絶滅の危機に瀕した動物を守るために，私たちは保全の努力を支援することから始めることができます。これには，私たちの地域にいる特定の絶滅危惧種を守ることに力を入れている組織を支援することが含まれます。

私たち自身が環境に与える影響を減らすこともまた重要です。自分が買う製品に意識を向けつつ，(28)**プラスチックの使用を減らすべきです。**さらに，(29)**私たちは**炭素排出量を減らす努力もするべきです。そうすることは気候変動が野生生物に与える影響を減らす一助になるからです。

(30)**絶滅の危機に瀕した動物を守る法律を作ることは重要です。**このような法律には，特定の種の狩猟や取引の禁止が含まれなくてはいけません。私たちはまた，環境にマイナスの影響を及ぼす産業に対するより厳しい規制を強く求めるべきです。

(31)**私たちはまた，研究と教育を支援することで絶滅の危機に瀕した動物を守ることができます。**絶滅危惧種を守る方法に関する研究，そして野生生物を守ることについての重要性を人々に教える教育プログラムを支援するべきです。(32)**研究と教育をとおして，私たちは新しい世代に動物を守ることの重要性を認識してもらうことが確実にできるのです。**

お分かりのとおり，絶滅の危機に瀕した動物を保護する助けとなりうる方法はいくつかあり，協働することで私たちは実質的な違いを生むことができると私は強く信じています。

では次に，各グループが準備した事例研究を見ることにしましょう。

問27 [27] ①
【選択肢の訳】
① 人間の活動
② 自然災害
③ 自然選択
④ 社会の変化

―【ポイントと解説】―

英文前半の the major reasons for the recent decline of many species are hunting, pollution, and habitat loss caused by the cutting down of forests と human activities have a huge impact on animals' survival を聴き取り，動物が絶滅の危機に瀕するようになる Main reason「主な理由」は Human activities であることを理解する。

問28〜31 [28] ⑥, [29] ④, [30] ③, [31] ①
【選択肢の訳】
① 教育
② 環境
③ 法律
④ 炭素排出量
⑤ 絶滅の危機に瀕した動物
⑥ プラスチック製品

— 33 —

【ポイントと解説】

絶滅危惧種を守るために私たちができることに関しては、まず英文中程の We should reduce our use of plastic と we should try to reduce our carbon emissions を聴き取り、**問28**には plastic products、**問29**には carbon emissions が入ることを理解する。次に英文後半の Making laws that protect endangered animals is important. を聴き取り、**問30**には laws が入ることを理解する。そして We can also protect endangered animals by supporting research and education. を聴き取り、**問31**には education が入ることを理解する。

問32 [32] ①

【選択肢の訳】

① 絶滅危惧種を守ることの重要性について後に続く世代を教育することが必要である。

② 植林が絶滅危惧種を守る最も効果的な方法の1つである。

③ 絶滅の危機に瀕した動物の割合は気候帯によって大きく異なっている。

④ 個体数を自然に回復した絶滅の危機に瀕した動物が多くいる。

【ポイントと解説】

英文後半の Through research and education, we can make sure that the new generation is aware of the importance of protecting animals. を聴き取り、絶滅危惧種の保護の重要性について後に続く世代を教育することの必要性をこの講義が訴えていることを理解する。

問33 [33] ④

【読み上げられた英文】

Our group studied the wolf and moose populations in Isle Royale, an uninhabited island in Lake Superior. We believe that **(33)without any humans living there, Isle Royale shows us the natural population dynamics within ecosystems.** Let's take a look at the data we found.

【全訳】

私たちのグループは、スペリオル湖の無人島であるロイヤル島にいるオオカミとヘラジカの個体数を調べました。**(33)ロイヤル島には人が住んでいないので、そこは生態系の中での自然な個体数の変化を見せている**と私たちは思います。私たちが見つけたデータを見てみましょう。

【選択肢の訳】

① 絶滅危惧種を保全する努力は、絶滅危惧種を守るために定められた法律よりも、ずっと大きな影響力を持つ。

② いったん絶滅危惧種が学術的関心の対象になると、たいていは保全の努力がその後に続く。

③ オオカミとヘラジカの個体数はどちらもロイヤル島の生態系の中で着実に増えていることを示してきている。

④ 人間が関与しなければ、生態系の個体数は増減の自然なサイクルをたどる。

【ポイントと解説】

図から、ヘラジカとオオカミの個体数が増減を繰り返していることを押さえておき、読み上げられた英文の without any humans living there, Isle Royale shows us the natural population dynamics within ecosystems を聴き取る。そして先に読み上げられた英文の前半で、動物が絶滅危惧に瀕するようになる主な理由として人間の活動が挙げられていたことと重ね合わせて判断する。

第6問

A　対話文質問選択問題

問34・35 [34] [35]

【読み上げられた英文】

Bob: Hi, May. My school's summer vacation starts tomorrow！

May: Have you taken your final exams yet? Mine are all finished.

Bob: No, not until after the vacation.

May: Oh, Bob. I would hate that.

Bob: Why? I have plenty of time to prepare.

May: **(34)But wouldn't you rather just enjoy the summer?**

Bob: I can still do that while studying in my free time.

May: **(34)Studying during the break? That's ridiculous！ I would rather have all my time to myself.**

Bob: **(35)That'd be great, but** if I had finals before summer break, there would be problems.

May: Like what?

Bob: Our teacher would have to rush to cover all the material before the break. Then there would be no time to review for the exams.

May: I see. But I just like a fresh start after the

— 34 —

vacation.

Bob: (35)**Me too, but** you can still get that even if you have finals after the break.

May: Hmm. Maybe. I'll just enjoy my vacation.

Bob: Yeah, have a nice summer.

May: Thanks. You, too.

【対話の訳】

ボブ：やあ，メイ。僕の学校の夏休みは明日から始まるんだよ！

メイ：もう期末試験は受けたの？ 私の学校では試験は全部終わったわよ。

ボブ：いや，休みが終わるまでないんだ。

メイ：あら，ボブ。私だったらそんなの嫌だわ。

ボブ：なぜさ？ 準備する時間がたっぷりあるよ。

メイ：(34)**でも，できれば夏をただ楽しみたくない？**

ボブ：自由な時間に勉強しながらでもそれはできるさ。

メイ：(34)**休み中に勉強ですって？ そんなのばかげているわ！ 私ならできれば自分の時間はすべて自分のものにしたいもの。**

ボブ：(35)**それは最高だろうけど，**僕の場合，夏休み前に期末試験があったら問題ありだよ。

メイ：例えばどんな？

ボブ：もしそうだったら，僕たちの先生は休み前に教材のすべての範囲を大急ぎで終わらせなければいけなくなるだろう。そうしたら試験に向けて見直しをする時間がなくなってしまうよ。

メイ：なるほど。でも，私はとにかく休み後は新たな気持ちでスタートを切りたいわ。

ボブ：(35)**それは同感だけど，**休みの後に期末試験があったとしてもそれはできるよ。

メイ：ふーん。そうかもね。とにかく私は休みを満喫するわ。

ボブ：そうだね。よい夏を。

メイ：ありがとう。あなたもね。

【質問と選択肢の訳】

問34 34 ④

メイはどの意見に最も賛同するだろうか。

① 休み後の試験よりも宿題のほうが好ましい。

② 学校の勉強は休みに入るずっと前に終わっているべきだ。

③ 休み前に試験を受けるのはストレスになる。

④ 無制限の自由時間というのが休みになくてはならない要素だ。

問35 35 ③

メイの休みについての見方に関するボブの考えを最もよく表しているのはどの意見か。

① それはばかげている。

② それは驚きだ。

③ それは理解できる。

④ それは独特だ。

┌─**【ポイントと解説】**─┐

問34 34

期末試験が夏休み明けにあり，それに向けて休み中に勉強するというボブの話を聞いて，メイが3回目の発話で But wouldn't you rather just enjoy the summer? と言ったり，4回目の発話で Studying during the break? That's ridiculous! I would rather have all my time to myself. と言ったりしていることを聴き取り，休暇中はただ自由時間を楽しみたいというメイの考えを理解する。

問35 35

夏休みは勉強に時間を取られることなくすべて自由時間であってほしいというメイの考えを聞いて，ボブが5回目の発話で That'd be great, but ... と言っている。また，夏休み明けは新たな気持ちでスタートを切りたいというメイの意見を聞いて，7回目の発話で Me too, but ... と言っている。それらを聴き取り，ボブがメイの意見に一定の理解を示していると判断する。

B 会話長文意見・図表選択問題

問36・37 36 ④ ， 37 ④

🔊5344 **【読み上げられた英文】**

John: The sign here says the library's closing this summer, Tara.

Tara: (36)**Oh, my goodness, you're right, John! That's awful.**

Charlie: Why is that, Tara? We'll probably be able to buy a lot of cheap books.

Tara: Sure, Charlie. But after that, an important part of our town will be gone.

John: Is it that important? I haven't been there since I was a kid.

Tara: (36)**It is important, John.** The library does all kinds of activities for children.

Charlie: (37)**They can still do that at the community center. Classes are offered there, from reading to painting.**

Tara: Oh, Charlie. What about the research and learning skills the library teaches?

Charlie: You can find information on the internet, Tara. That's what parents want their kids to get better at.

— 35 —

Tara: You guys are unbelievable! What do you think, Rin?

Rin: Hmm ... I agree with Charlie that we should be helping kids learn computer research skills.

Tara: Oh no, not you too!

Rin: (36)**But I agree with you that the library is a great place to teach those kinds of things.** My library had computer classes when I was growing up.

John: Yeah, I actually learned to type at this library a long time ago.

Charlie: That was then, this is now! Times have changed.

John: (36)**I think Tara's right, Charlie. Come to think of it, it's just a pity to let this library close.**

Rin: Yes, John, libraries can change to fit modern needs.

Tara: Thank you, Rin. (36)**Maybe we'll need to think of ways to save this library.**

【会話の訳】

ジョン：ここにある掲示には，この図書館はこの夏に閉館するって書いてあるよ，タラ。

タラ：(36)**あら，いやだ，本当ね，ジョン！ ひどいわね。**

チャーリー：それはまたどうしてだい，タラ？ 僕らはたぶん安い本がたくさん買えるよ。

タラ：もちろんよ，チャーリー。でもその後，私たちの町の大切な一部が失われてしまうのよ。

ジョン：それって，そんなに重要かい？ 僕は子どもの頃からずっとここに来てないよ。

タラ：(36)**本当に重要なのよ，ジョン。**この図書館は子ども向けにいろいろな活動をしてくれているわ。

チャーリー：(37)**それならコミュニティセンターでもできるよ。読書教室からお絵描き教室までさまざまなクラスがそこでは提供されているんだ。**

タラ：でもね，チャーリー。図書館で教えてくれる調べ学習の技能はどうなの？

チャーリー：インターネットで情報は見つかるさ，タラ。それこそ，親が子どもに上達してもらいたいものなんだ。

タラ：あなたたちはあきれた人たちね！ あなたはどう思う，リン？

リン：んー，そうねえ…子どもたちがコンピューターで検索する技能を身につけるのを手助けしていて然るべきだということではチャーリーに賛成ね。

タラ：あら，いやだ，まさかあなたもそんなこと言うの！

リン：(36)**でも，この図書館がそういうことを教えるのにとても良い場所だということではあなたに賛成よ。**私が小さい頃に行っていた図書館にはコンピューター教室があったわ。

ジョン：そうだね。実際，僕はずいぶん前だけどこの図書館でタイプの打ち方を覚えたんだ。

チャーリー：過去は過去，今は今だよ！ 時代は変わったんだ。

ジョン：(36)**僕はタラの言うとおりだと思うよ，チャーリー。考えてみると，この図書館を閉館させてしまうのはとにかく残念なことだよ。**

リン：そうね，ジョン。図書館だって現代のニーズに合わせて変われるわ。

タラ：ありがとう，リン。(36)**どうやら，この図書館を救う方法を考える必要があるようね。**

【ポイントと解説】

問36 [36]

図書館の閉館を知って，タラは最初の発話で Oh, my goodness, you're right, John! That's awful., 3回目の発話で It is important, John., 最後の発話で Maybe we'll need to think of ways to save this library. と言っている。リンは2回目の発話で But I agree with you that the library is a great place to teach those kinds of things., ジョンは4回目の発話で I think Tara's right, Charlie. Come to think of it, it's just a pity to let this library close. と言っている。それらを聴き取り，会話が終わった時点でこの町の図書館を残すべきだという考えていたのは John, Tara, Rin の3人であることを理解する。

問37 [37]

チャーリーの2回目の発話 They can still do that at the community center. Classes are offered there, from reading to painting. を聴き取り，コミュニティセンターが図書館に取って代わることができるというチャーリーの考えの根拠となる図表を選ぶ。

— 36 —

第4回 解答・解説

設問別正答率

解答番号	1	2	3	4	5	6	7	8	9	10
配点	4	4	4	4	3	3	3	4	4	4
正答率(%)	89.6	72.9	45.0	63.7	51.3	92.5	81.6	86.8	39.6	75.6

解答番号	11	12	13	14	15	16	17	18-21	22	23
配点	4	3	3	3	3	3	3	4	1	1
正答率(%)	58.6	55.5	66.8	81.5	70.7	29.9	38.8	87.9	68.2	55.9

解答番号	24	25	26	27	28-29	30-31	32	33	34	35
配点	1	1	4	3	2	2	4	4	3	3
正答率(%)	48.6	53.8	61.2	84.4	47.5	41.7	38.8	65.1	29.8	40.2

解答番号	36	37
配点	4	4
正答率(%)	31.5	39.2

設問別成績一覧

設問	設　問　内　容	配　点	全　体	現　役	高　卒	標準偏差
合計		100	60.0	59.2	67.5	16.8
1	短文発話内容一致問題	25	17.6	17.4	19.3	5.2
2	対話文イラスト選択問題	16	10.4	10.3	11.5	4.0
3	対話文質問選択問題	18	10.3	10.1	11.9	4.6
4	モノローグ型中文内容把握問題	12	8.2	8.2	9.0	3.0
5	モノローグ型長文内容把握問題	15	8.5	8.3	9.9	4.1
6	会話長文質問選択問題	14	4.9	4.8	5.9	3.7

— 37 —

（100点満点）

問題番号	設問		解答番号	正解	配点	自己採点
第1問	A	問1	1	②	4	
		問2	2	②	4	
		問3	3	③	4	
		問4	4	③	4	
	B	問5	5	③	3	
		問6	6	④	3	
		問7	7	②	3	
第1問　自己採点小計					(25)	
第2問		問8	8	①	4	
		問9	9	④	4	
		問10	10	④	4	
		問11	11	③	4	
第2問　自己採点小計					(16)	
第3問		問12	12	③	3	
		問13	13	③	3	
		問14	14	②	3	
		問15	15	①	3	
		問16	16	②	3	
		問17	17	①	3	
第3問　自己採点小計					(18)	

問題番号	設問		解答番号	正解	配点	自己採点
第4問	A	問18	18	③	4※	
		問19	19	①		
		問20	20	②		
		問21	21	④		
		問22	22	①	1	
		問23	23	①	1	
		問24	24	④	1	
		問25	25	⑥	1	
	B	問26	26	②	4	
第4問　自己採点小計					(12)	
第5問		問27	27	④	3	
		問28	28	①	2※	
		問29	29	④		
		問30	30	⑥	2※	
		問31	31	⑤		
		問32	32	②	4	
		問33	33	①	4	
第5問　自己採点小計					(15)	
第6問	A	問34	34	③	3	
		問35	35	②	3	
	B	問36	36	①	4	
		問37	37	③	4	
第6問　自己採点小計					(14)	
自己採点合計					(100)	

（注）　※は，全部正解の場合のみ点を与える。

※解説の 5403 ～ 5444 はトラック番号（MP 3 のファイル名）を示しています。

※【読み上げられた英文】および【訳】で太字になっている部分は，聴き取りの上で重要な部分を示しています。

第1問

A 短文発話内容一致問題

問1 　1　②

【読み上げられた英文】

Ken, I lost **my pen**, and I have to sign this form. **Can I borrow yours?**

【英文と選択肢の訳】

ケン，私，**自分のペンをなくしちゃったんだけど**，この用紙に署名をしないといけないのよ。**あなたのを借りてもいい？**

① 話し手は自分が用紙に署名をすべきかどうかを尋ねている。
② 話し手はケンにペンを貸してほしいと頼んでいる。
③ 話し手はケンにペンを使わせている。
④ 話し手はケンに用紙に署名をするように言っている。

【ポイントと解説】

Can I borrow yours? を聴き取り，yours が your pen を指していることを押さえた上で，話し手はケンにペンを貸してほしいと頼んでいることを理解する。

問2 　2　②

【読み上げられた英文】

I've just had my dinner, but **I haven't chosen my dessert yet**.

【英文と選択肢の訳】

ディナーをちょうど食べたところなんだけど，まだ**デザートは選んでいないわ**。

① 話し手はデザートを食べた。
② 話し手は今，デザートを選んでいる。
③ 話し手は今，デザートを食べている。
④ 話し手はデザートを食べるつもりはない。

【ポイントと解説】

I haven't chosen my dessert yet を聴き取り，話し手は今，デザートを選んでいることを理解する。

問3 　3　③

【読み上げられた英文】

Karen called me to say she had arrived at the train station.

【英文と選択肢の訳】

カレンが私に電話をかけてきて駅に着いたって言ったわ。

① 話し手は駅からカレンに電話をかけた。
② 話し手は駅に着いてカレンを出迎えた。
③ 話し手はカレンの到着を知らされた。
④ 話し手はカレンと駅に行った。

【ポイントと解説】

Karen called me to say she had arrived at the train station. を聴き取り，話し手はカレンの到着を知らされたことを理解する。

問4 　4　③

【読み上げられた英文】

We received six boxes this morning, and **the other four will be delivered** tomorrow.

【英文と選択肢の訳】

今朝，私たちは6個の箱を受け取って，明日残りの4個が届けられるの。

① 話し手がすでに受け取った箱は10個である。
② 話し手の元に今ある箱は6個よりも少ない。
③ 話し手の元には後で箱の合計が10個になるだろう。
④ 話し手が後で受け取る箱は4個よりも多いだろう。

【ポイントと解説】

We received six boxes と the other four will be delivered を聴き取り，話し手の元には後で箱の合計が10個になることを理解する。

B 短文発話イラスト選択問題

問5 　5　③

【読み上げられた英文】

All seats but one on the platform are taken.

【英文の訳】

1つを除き，プラットホームのすべての座席は埋まっている。

【ポイントと解説】

All seats but one on the platform are taken. を聴き取り，1つの座席以外はすべて埋まっているイラストを選ぶ。

問6 　6　④

【読み上げられた英文】

My pen should be in the top drawer. Wait, **here**

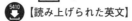

— 39 —

it is, **under my desk**.

【英文の訳】

　私のペンは一番の上の引き出しに入っているはずなんだけど。待って，ここにあるわ，私の机の下。

┌─【ポイントと解説】─────────┐

　My pen と here it is, under my desk を聴き取り，ペンが机の下にあるイラストを選ぶ。

└────────────────────┘

問7　7　②

【読み上げられた英文】

　John is standing next to his suitcase. He's holding his coat.

【英文の訳】

　ジョンはスーツケースの隣に立っている。彼はコートを抱えている。

┌─【ポイントと解説】─────────┐

　John is standing next to his suitcase. He's holding his coat. を聴き取り，男性がスーツケースの隣に立っていて，コートを抱えているイラストを選ぶ。

└────────────────────┘

第2問　対話文イラスト選択問題

問8　8　①

【読み上げられた英文】

W：**You should get a sheet that has stripes.**

M：**Yes.　I need a blanket as well.**

W：Do you want a pillow, too?

M：No, I already have one.

Question: Which set will the man probably choose?

【対話と質問の訳】

女性：ストライプ柄のシーツを買うべきよ。

男性：そうだね。毛布も必要だな。

女性：枕もほしい？

男性：いや，もうすでに1つあるんだ。

質問：男性がおそらく選ぶセットはどれか。

┌─【ポイントと解説】─────────┐

　女性の最初の発話 You should get a sheet that has stripes. に対し，男性が Yes.　I need a blanket as well. と言っているのを聴き取り，男性がおそらく選ぶセットはどれかを理解する。

└────────────────────┘

問9　9　④

【読み上げられた英文】

M：**I should return this to the library.**

W：**I'll do that.**　It's near the station.

M：Thanks.　I should've gone after the bank.

W：**I'll stop by after buying some groceries.**

Question: Where will the woman go first?

【対話と質問の訳】

男性：これを図書館に返さなきゃ。

女性：私がそれをしてあげるわ。駅の近くよね。

男性：ありがとう。銀行の後に行くべきだったよ。

女性：食品を少し買った後で立ち寄るわ。

質問：女性が最初に行くのはどこか。

┌─【ポイントと解説】─────────┐

　男性の最初の発話 I should return this to the library. に対し，女性が I'll do that. と答えているのと，2回目の発話 I'll stop by after buying some groceries. を聴き取り，女性は最初にどこに行くかを理解する。

└────────────────────┘

問10　10　④

【読み上げられた英文】

M：This box looks perfect.

W：There is not enough for four guests.

M：How about this one?　**It has different shapes.**

W：**OK.　Each guest can have two.**

Question: Which box of chocolates will they buy?

【対話と質問の訳】

男性：この箱が一番良さそうだね。

女性：4人のお客さんには足りないわ。

男性：これはどうかな？　いろいろな形があるよ。

女性：いいわね。それぞれのお客さんが2つずつ食べられるわ。

質問：どのチョコレートの箱を彼らは買うか。

┌─【ポイントと解説】─────────┐

　男性が2回目の発話でいろいろな形のチョコレートが入っている箱を提案したのに対し，女性が OK. Each guest can have two. と言っているのを聴き取り，彼らはどのチョコレートの箱を買うかを理解する。

└────────────────────┘

問11　11　③

【読み上げられた英文】

W：Which platform does your train arrive at?

M：I don't know.

W：Then **let's meet at the ticket gate**.

M：**OK.　But not the one near the north exit.**

Question: Where will they meet?

【対話と質問の訳】

女性：あなたが乗る電車はどのプラットホームに到着

— 40 —

第4回

するのかしら？
男性：わからないな。
女性：じゃあ**改札口で会いましょう**。
男性：いいよ。でも北口の近くではないほうでね。
質問：彼らはどこで待ち合わせるか。

【ポイントと解説】
　女性が2回目の発話で let's meet at the ticket gate と提案したのに対し，男性が OK. But not the one near the north exit. と言っているのを聴き取り，彼らはどこで待ち合わせるかを理解する。

第3問　対話文質問選択問題
問12　12　③
【読み上げられた英文】
W : Did you get to go to the museum on Sunday?
M : I wanted to, but I couldn't. I tried to go on Tuesday instead, but it was too crowded to get in.
W : That's too bad. **You came home on Thursday, right?**
M : **Yes, but I was able to visit the museum the day before.**
【対話の訳】
女性：日曜日に博物館に行けたの？
男性：行きたかったんだけど，できなかったよ。その代わり火曜日に行こうとしたけど，混みすぎていて入れなかったんだ。
女性：それは残念ね。**木曜日に帰って来たのよね？**
男性：うん。でもその前の日に博物館を訪れることができたよ。
【質問と選択肢の訳】
質問：男性が博物館を訪れたのはどの日か。
　①　日曜日
　②　火曜日
　③　水曜日
　④　木曜日

【ポイントと解説】
　女性が2回目の発話で You came home on Thursday, right? と尋ねたのに対し，男性が Yes, but I was able to visit the museum the day before. と答えているのを聴き取り，男性はどの日に博物館を訪れたかを理解する。

問13　13　③
【読み上げられた英文】
M : I need to get a new shirt for school.

W : It's rather late today. The store will close soon.
M : OK. There's no hurry.
W : In that case, why don't we go tomorrow?
M : I have baseball practice. **Can we go on Saturday?**
W : **Sure, that's fine.**
【対話の訳】
男性：学校用に新しいシャツを買う必要があるんだ。
女性：今日は，ちょっと遅いわね。店はもうすぐ閉まるわ。
男性：いいよ。急ぎじゃないから。
女性：それなら，明日行こうか。
男性：僕は野球の練習があるんだ。**土曜日に行ける？**
女性：**いいわよ，構わないわ。**
【質問と選択肢の訳】
質問：彼らは何をするか。
　①　野球用の新しいシャツを買う
　②　店が今日開いているかをチェックする
　③　週末に買い物に行く
　④　翌日に店を訪れる

【ポイントと解説】
　学校用の新しいシャツを買う必要があると言う男性（息子）が，3回目の発話で Can we go on Saturday? と尋ねたのに対し，女性（母親）が Sure, that's fine. と答えているのを聴き取り，彼らは何をするかを理解する。

問14　14　②
【読み上げられた英文】
M : Oh, no! We just missed the bus!
W : I'm sorry for walking so slowly.
M : Let's check the timetable. We have to wait about an hour for the next one.
W : In that case, **why don't we have some coffee somewhere?**
M : **Sure.** It would be nice to sit down while we wait.
【対話の訳】
男性：あっ，まいったな！ ちょうどバスを逃しちゃったよ！
女性：すごくゆっくり歩いてごめんなさい。
男性：時刻表をチェックしよう。次のバスが来るまで1時間くらい待たなければならないよ。
女性：それなら，どこかでコーヒーでも飲みましょうか。
男性：いいよ。待つ間，座るのはいいだろうね。

— 41 —

【質問と選択肢の訳】
質問：彼らは何をするつもりか。
① 時刻表をチェックする
② 喫茶店を探す
③ バス停で待つ
④ 次のバス停まで歩く

【ポイントと解説】
バスをちょうど逃した男女が次のバスまで１時間ほど待たなければならなくなり，女性が２回目の発話で why don't we have some coffee somewhere? と提案したのに対し，男性が Sure. と答えているのを聴き取り，彼らは何をするつもりかを理解する。

問15　15　①
【読み上げられた英文】
M: Here's your room key.
W: What time does the restaurant open for breakfast?
M: It only serves lunch and dinner. However, we have coffee and baked goods in the lobby all morning.
W: I see. **Is there a coin-operated laundry?**
M: **Yes.** It's in the basement.
W: Thanks for your help.

【対話の訳】
男性：こちらがお客様のルームキーになります。
女性：レストランで朝食は何時から取れますか。
男性：レストランでは昼食と夕食しか提供しておりません。ただし，ロビーで午前中ずっと，コーヒーと焼き菓子を提供しております。
女性：わかりました。**コインランドリーはありますか。**
男性：**はい。**地下にございます。
女性：ありがとうございます。

【質問と選択肢の訳】
質問：ホテルについて正しいのは何か。
① セルフサービスのランドリーが利用できる。
② 朝食は客室で出される。
③ ロビーは地下にある。
④ レストランは24時間開いている。

【ポイントと解説】
女性が２回目の発話で Is there a coin-operated laundry? と尋ねたのに対し，男性が Yes. と答えているのを聴き取り，ホテルについて正しいのは何かを理解する。

問16　16　②
【読み上げられた英文】
M: You don't look happy.
W: The advanced Spanish class is full, and I don't want to take the basic class again.
M: **You can sign up even though it's full. There's a waiting list.** Someone might cancel.
W: **That's a great idea.**
M: You can find the list online.
W: Great! Thanks for your advice.

【対話の訳】
男性：浮かない顔をしているね。
女性：スペイン語の上級クラスが定員いっぱいなんだけど，私，基礎クラスをまた取りたくはないの。
男性：**定員いっぱいでも申し込むことはできるよ。キャンセル待ちのリストがあるんだ。**誰かがキャンセルするかもしれないよ。
女性：**それはすごくいい考えね。**
男性：オンラインでリストが見つかるよ。
女性：よかったわ！ アドバイスをしてくれてありがとう。

【質問と選択肢の訳】
質問：女性は何をするか。
① スペイン語のクラスをキャンセルする
② 名前をキャンセル待ちのリストに載せる
③ スペイン語の基礎クラスに申し込む
④ オンラインでスペイン語のクラスを取る

【ポイントと解説】
スペイン語の上級クラスが定員いっぱいだと言う女性に，男性が２回目の発話で You can sign up even though it's full. There's a waiting list. と提案したのに対し，女性が That's a great idea. と言っているのを聴き取り，女性は何をするかを理解する。

問17　17　①
【読み上げられた英文】
W: Where are you going to go for your vacation?
M: **I'm still deciding between the ocean and a spa.**
W: I'd definitely go to a spa.
M: But I like the ocean view, too.
W: You just want to relax, right?
M: Yes. **I still can't choose**, though.
W: Well, you still have some time to think about it.

第4回

【対話の訳】

女性：休暇にはどこに行くつもりなの？

男性：**海か温泉かでまだ決めかねているんだ。**

女性：私なら絶対，温泉に行くわ。

男性：でも僕は海の景色も好きなんだ。

女性：とにかくのんびりしたいのよね？

男性：うん。でも，**まだ選べないんだ。**

女性：まぁ，それを考える時間はまだ少しあるわよ。

【質問と選択肢の訳】

質問：男性はこれから何をするつもりか。

① どこに行くべきかを決める

② 海のそばで時間を過ごす

③ 温泉で休暇を過ごす

④ 女性と旅行をする

━【ポイントと解説】━

男性の最初の発話 I'm still deciding between the ocean and a spa. と，3回目の発話にある I still can't choose を聴き取り，男性がこれから何をするつもりかを理解する。

第4問

A モノローグ型図表完成問題

問18～21 | 18 | ③， | 19 | ①， | 20 | ②， | 21 | ④

【読み上げられた英文】

I really enjoy winter activities, so I was excited when a friend invited me to attend a snow festival last week. (18)**We spent the morning ice skating.** (19)**We stopped at noon because there was a dogsled parade.** I'd never seen dogs pulling a sled, so that was my favorite part. (20)**After lunch, we watched part of the skiing competition and the awards ceremony.** (21)**After dark, we had dinner while watching a beautiful fireworks display.** It was such a great day.

【全訳】

私は冬の活動がとても好きなので，先週友人がスノーフェスティバルに行かないかと誘ってくれたときはわくわくしました。(18)**私たちはアイススケートをして午前中を過ごしました。**(19)**犬ぞりのパレードがあったので，正午にはスケートをやめました。**犬がそりを引くのを私は見たことがなかったので，これが一番よかったです。(20)**昼食後，私たちはスキーレースの一部と表彰式を見ました。**(21)**日が暮れてから，打ち上げられたきれいな花火を見ながら私たちは夕食を食べました。**とても素晴らしい一日でした。

━【ポイントと解説】━

話の展開が，We spent the morning ice skating. → We stopped at noon because there was a dogsled parade. → After lunch, we watched part of the skiing competition and the awards ceremony. → After dark, we had dinner while watching a beautiful fireworks display. となっているのを理解し，その内容を表すイラストを順に並べる。

問22～25 | 22 | ①， | 23 | ①， | 24 | ④， | 25 | ⑥

【読み上げられた英文】

We had great performers this year, so it was hard to pick the best! (25)**The person who got the highest score from the judge will get a cash prize.** (24)**The top-scoring performer picked by the audience will also receive a cash prize.** But those aren't the only prizes! (25)**The person with the highest final score will get a paid trip to the national talent competition next month.** (22)(23)**Every participant will receive a medal as a participation certificate.**

【全訳】

今年は素晴らしいパフォーマーが複数いたので，一番良かった人を選ぶのが大変でした！(25)**審査員から最高点を得た人は賞金がもらえます。**(24)**会場のお客さんからの得点が最も高かったパフォーマーも賞金がもらえます。**でも賞品はそれだけではありません！(25)**最終得点が最も高かった人は，来月の全国才能コンテストへ招待されます。**(22)(23)**すべての参加者は参加賞としてメダルがもらえます。**

━【ポイントと解説】━

Every participant will receive a medal as a participation certificate. を聴き取り，問22と問23の解答を特定する。これと合わせて，The top-scoring performer picked by the audience will also receive a cash prize. を聴き取り，問24の解答を特定する。さらに，The person who got the highest score from the judge will get a cash prize. と The person with the highest final score will get a paid trip to the national talent competition next month. を聴き取り，問25の解答を特定する。

— 43 —

B　モノローグ型質問選択問題

問26　26　②

【読み上げられた英文】

① Hello, I'm Ben. If we practice at least three times a week, **a professional musician could coach us** one of those days. That would be a great way to improve enough to **perform in all the city events**.

② Hi! I'm Elise. I think we should share our skills by **giving concerts at different locations around town**. To reach that goal, **professional band members can come to teach new skills. We should reduce practice to twice a week** to leave time for other things.

③ Hello there! My name is Mari. I think our band needs to focus on only participating in the big tournament at the end of the year. We can win if **we concentrate hard two times a week and have professional teachers come regularly**.

④ Hey, guys! I'm Ron. **I'm all for only two practices weekly.** We can use the extra day to **play music at different local events**. Our coach is great, so we don't need to hire instructors from other places. That will save our club money.

【質問の訳】

26 は，あなたが選ぶ可能性が最も高い候補者である。

【全訳】

① こんにちは，ベンです。もし1週間に3回以上練習すれば，そのうちの1日は**プロの音楽家に指導してもらえる**でしょう。それは**市が主催するすべてのイベントで演奏できる**ようになるほど上達する素晴らしい方法になるでしょう。

② こんにちは！ エリースです。私たちは**町中のさまざまな場所でコンサートを開く**ことで自分たちのスキルを共有すべきだと思います。その目標を達成するためなら，**プロのバンドメンバーが新しいスキルを教えに**来てくれます。他のことに時間を残しておくために**練習は週2回に減らすべき**です。

③ こんにちは，みなさん！ 私の名前はマリです。私たちのバンドに必要なのは，年末のビッグトーナメントへの参加だけに焦点を当てることだと思います。もし**週に2回一生懸命集中し，定期的にプロの指導者に来てもらう**ようにすれば私たちは

優勝できるでしょう。

④ やあ，みんな！ ロンです。僕は**週2回のみの練習に大賛成**です。残りの日を，**地元のさまざまなイベントで音楽を演奏する**のに使うことができます。僕たちのコーチは素晴らしいので，他の所のインストラクターを雇う必要はありません。このことは僕たちの部のお金の節約になります。

【ポイントと解説】

エリースに関して，giving concerts at different locations around town（Bの条件），professional band members can come to teach new skills（Cの条件），We should reduce practice to twice a week（Aの条件）を聴き取り，すべての条件を満たしていることを理解する。

ベンは，BとCの条件を満たしているが，Aの条件を満たしていない。

マリは，AとCの条件を満たしているが，Bの条件を満たしていない。

ロンは，AとBの条件を満たしているが，Cの条件を満たしていない。

第5問　モノローグ型長文ワークシート完成・選択問題

問27～32　27 ～ 32

【読み上げられた英文】

　　Today, I'd like to discuss a serious problem in many parts of the world, snakebites. There are over 200 species that have poison that is strong enough to permanently injure or even kill a person. (27)**The only way to treat a person bitten by a snake is by using antivenom. That's a biological product that is created from the desired snake poison.** To make it, you first have to get real poison from a snake, so antivenom is very difficult and expensive to produce.

　　The good news is that not all snakebites contain poison. For example, once a snake has used its poison for hunting its prey, it takes time for the snake to make more poison. Even so, about 130,000 people die each year from snakebites, and another 400,000 suffer permanent injuries.

　　(33)**The problem is worse in developing countries,** where (28)**many farmers work in their fields with nothing on their feet or just wearing sandals.** It's easy for a scared snake to attack them. Unfortunately, snake poison can kill a person

— 44 —

第 4 回

quickly. (29)**Since fields are often far away from cities, the farmer may not have enough time to reach medical care.**

There are more problems, too. Even if a farmer gets to a hospital, the doctor might not have the proper antivenom. (30)(32)**Antivenoms are used only in the treatment of snakebites of certain species of snake**, and (32)**the farmer might not know exactly what kind of snake bit him**. Furthermore, most antivenoms need to be kept in the refrigerator. But (31)**if rural hospitals have no electricity, they cannot keep the antivenom cold**.

Now, let's go on to group presentations. Each group will give its report to the class.

【全訳】

　本日は，世界の多くの場所で深刻な問題であるヘビ咬傷についてお話ししたいと思います。人間に一生治らない傷を負わせたり，人間を殺したりさえするほど強い毒をもっている種は200を超えます。(27)**ヘビに咬まれた人を治療する唯一の手段は解毒剤を使うことです。それは適切なヘビの毒から作られるバイオ製品です。**解毒剤を作るには，まずヘビから本物の毒を手に入れなければならないため，解毒剤は作るのが大変困難で，費用がかかります。

　良いニュースは，すべてのヘビ咬傷が毒を含んでいるわけではないということです。例えば，いったんヘビが獲物を狩るのに毒を使ってしまうと，そのヘビが新たな毒を作るのに時間がかかります。それでも，ヘビ咬傷で毎年約13万の人が亡くなり，さらに40万の人が一生治らない傷を負います。

　(33)**この問題は発展途上国のほうがひどく**，そこでは(28)**多くの農民は裸足か，もしくはサンダルしか履かないで畑仕事をしています**。怯えたヘビが彼らを襲うのは容易なのです。不運なことに，ヘビの毒は人間1人を直ちに殺すことができます。(29)**田畑は往々にして都市から遠く離れているので，農民は医療を受ける場所にたどり着くのに十分な時間がないかもしれません。**

　問題は他にもまだあります。たとえ農民が病院にたどり着いたとしても，医師が適切な解毒剤を持っていないかもしれないのです。(30)**解毒剤は，特定の種のヘビ咬傷の治療にしか使われず**，そして(32)**農民は自分を咬んだヘビが正確にはどんな種類なのかわからないかもしれません**。さらに，大半の解毒剤は冷蔵庫の中に保管される必要があります。しかし，(31)**田舎の病院に電気が通っていなければ，解毒剤を冷やしておくことができないのです**。

　では，グループの発表に移りましょう。各グループ

はクラスに向けて報告してください。

問27 〔27〕 ④

【選択肢の訳】

① 負傷を防ぐために与えられる
② 免疫力を高めるために与えられる
③ 人間の血液から作られる
④ ヘビの毒から作られる

── 【ポイントと解説】 ──

　英文前半の The only way to treat a person bitten by a snake is by using antivenom. That's a biological product that is created from the desired snake poison. を聴き取り，antivenom「解毒剤」はヘビの毒から作られることを理解する。

問28〜31 〔28〕 ①，〔29〕 ④，〔30〕 ⑥，〔31〕 ⑤

【選択肢の訳】

① 裸足で
② 死
③ 農民
④ 医療
⑤ 冷蔵
⑥ 種

── 【ポイントと解説】 ──

　ワークシートにある Work に関しては，まず英文中程の many farmers work in their fields with nothing on their feet or just wearing sandals を聴き取り，**問28**には barefoot が入ることを理解する。そしてその後の Since fields are often far away from cities, the farmer may not have enough time to reach medical care. を聴き取り，**問29**には medical care が入ることを理解する。

　Hospitals に関しては，英文後半の Antivenoms are used only in the treatment of snakebites of certain species of snake を聴き取り，解毒剤があらゆる種のヘビ咬傷の治療薬になるわけではないことを押さえ，**問30**には species が入ることを理解する。そして，その後に聞こえてくる if rural hospitals have no electricity, they cannot keep the antivenom cold を聴き取り，**問31**には refrigeration が入ることを理解する。

問32 〔32〕 ②

【選択肢の訳】

① 発展途上国の農民は，ヘビ咬傷を防ぐことに十分注意している。

— 45 —

② ヘビの種類を特定することが解毒剤を用いたヘビ咬傷の治療に役に立つ可能性がある。
③ 人間に一生治らない傷を負わせる，あるいは人間を殺すほど強い毒をもっているヘビはほんの数種しかいない。
④ 世界中で，ヘビ咬傷を治療する解毒剤を作る十分な努力がなされていない。

---【ポイントと解説】---
英文後半の Antivenoms are used only in the treatment of snakebites of certain species of snake と the farmer might not know exactly what kind of snake bit him を聴き取り，antivenoms「解毒剤」を用いた治療には蛇の種の特定が役に立つ可能性があることを理解する。

問33 33 ①
【読み上げられた英文】
　Our group looked at how many snakebites there were in each major region of the world. We found that there is at least one dangerous species in each of the areas, but **many dangerous snakes are distributed in Africa and Asia**. Let's look at the differences in the numbers.

【全訳】
　私たちのグループは，世界のそれぞれの主な地域でヘビ咬傷の件数がどれだけあったかを調べました。各地域には危険なヘビが最低1種はいますが，**危険なヘビはアフリカとアジアに多く分布している**ことがわかりました。件数の違いを見てみましょう。

【選択肢の訳】
① アフリカとアジアのほうが他の地域よりヘビ咬傷による犠牲者がずっと多い。
② アジアではヘビ咬傷が非常に多いので，病院は解毒剤を多めに備蓄している。
③ 危険なヘビは他のどの地域よりもアジアにはるかに多く分布している。
④ アフリカより北米でのほうがヘビ咬傷が少ないのは，より多くの解毒剤が入手できるからである。

---【ポイントと解説】---
グラフからアフリカとアジアでヘビ咬傷による死傷者数が他の地域より格段に多いことを押さえておき，講義の続きの many dangerous snakes are distributed in Africa and Asia を聴き取る。そして先に読み上げられた講義の中程で The problem is worse in developing countries と説明されていたこ

ーーーーーーーー

とと重ね合わせて判断する。

第6問
A　対話文質問選択問題
問34・35　34　35
【読み上げられた英文】
Edgar:　　　Hey, Stephanie, do you want to go to a movie tonight?
Stephanie:　I'd love to, Edgar, but I have to finish my history report.
Edgar:　　　Your history report?　You mean the one about Rome?
Stephanie:　Yes, it's due tomorrow.
Edgar:　　　But we got that assignment two weeks ago!
Stephanie:　I know. I was planning to do it earlier, but I got busy.
Edgar:　　　Really? I finished my report last weekend. It is too stressful to wait until the last minute.
Stephanie:　(35)**I write better when I only have a short time.**
Edgar:　　　Not me. (34)**I need time to read it again later and make changes.**
Stephanie:　I just turn mine in when I'm finished. I don't think changing a few words gives me a better grade.
Edgar:　　　I don't know about that. (34)**Sometimes I rewrite whole paragraphs.**
Stephanie:　(35)**That's good for you. However, everyone has their own way of doing homework.**
Edgar:　　　I guess so. Though it is sad you can't go to a movie with me tonight.
Stephanie:　Maybe next time!

【対話の訳】
　エドガー：やあ，ステファニー，今夜映画を見に行かないかい？
　ステファニー：そうしたいわ，エドガー。でも，歴史のレポートを終えなければならないの。
　エドガー：歴史のレポート？　ローマについてのやつ？
　ステファニー：ええ，それは明日が締め切りなの。
　エドガー：でも，その宿題って2週間前に出されたんだよ！

— 46 —

ステファニー：わかっているわ。もっと早くやる予定だったんだけど，忙しくなっちゃって。

エドガー：本当？ 僕は先週末にレポートを終えたよ。ぎりぎりになるまで待つのってあまりにストレスが多いよ。

ステファニー：(35)短い時間しかないときのほうが私は上手く書けるの。

エドガー：僕は違うな。(34)後で読み直して修正する時間が必要なんだ。

ステファニー：私は書き終わったら提出するだけよ。いくつかの言葉を修正したからって私の成績が良くなるとは思わないわ。

エドガー：それはどうかなあ。(34)僕は時には段落を丸ごと書き直すよ。

ステファニー：(35)それはあなたにはいいでしょう。でも，みんなそれぞれ自分なりの宿題のやり方があるのよ。

エドガー：そうかもね。でも，今夜一緒に映画を見に行けないのは残念だけどね。

ステファニー：まあ次回ね！

【質問と選択肢の訳】

問34 [34] ③

　エドガーが最も同意するであろう意見はどれか。

① 宿題以外の活動に時間を作ることは大切だ。

② 遅れて始めた宿題を終えるのは可能なことではない。

③ 学生は提出前に宿題の見直しをするべきだ。

④ 教師は遅れて提出した宿題にはより低い成績を与えるべきだ。

問35 [35] ②

　会話の終わりまでで，宿題を早めにすることについてのステファニーの意見を最もよく表しているのはどれか。

① それは素晴らしい考えだ。

② それは人によってはいいことだ。

③ それはかなり緊張を強いる。

④ それは遅れることよりも悪い。

【ポイントと解説】

問34 [34]

　エドガーの5回目の発話にあるI need time to read it again later and make changes. や，6回目の発話にある Sometimes I rewrite whole paragraphs. を聴き取り，宿題は提出する前に見直し，修正をすると言っていることを理解し，エドガーが最も同意するであろう意見を選ぶ。

問35 [35]

　ステファニーの4回目の発話 I write better when I only have a short time. や，6回目の発話 That's good for you. However, everyone has their own way of doing homework. を聴き取り，自分は提出期限ぎりぎりになって宿題をするほうが上手くいくが，早めに終わらせるというエドガーの考えを否定しているわけではないことを理解し，宿題を早めにすることに対するステファニーの意見を選ぶ。

B　会話長文意見・図表選択問題

問36・37 [36] ①, [37] ③

【読み上げられた英文】

Nancy: I'm so excited! (36)**I signed up for a tour to Paris, and I just heard that there are enough people for the trip to go.**

Stan: Wow! Paris sounds fun, Nancy! However, I'd hate to go on a tour with a lot of people I don't know.

Nancy: Why, Stan? I don't speak French, so I'd be too nervous to go alone. I couldn't ask for directions if I got lost.

Jeanne: (37)**Well, there are so many foreign visitors in France that it is probably fine to travel there alone. I've heard that almost a million Japanese people go there every year.** French people are used to helping people who don't speak the language.

Yuto: That's true, Jeanne. Plus, it's more fun to travel alone because you can go to the places you want, and it costs a lot less.

Stan: I agree with Yuto. I like to find small restaurants to eat at, which you can't do on a tour.

Nancy: But aren't you worried about getting injured? And what would you do if someone stole your money?

Jeanne: That's definitely a concern. A tour would be much less dangerous. Maybe a tour is a good idea.

Nancy: Why don't you all join me in Paris?

Yuto: Enjoy your trip, Nancy. I've already got plans to visit Melbourne.

Stan: That's great. Maybe I'll go with you, Yuto.

Jeanne: It sounds like you all will have fun traveling

— 47 —

abroad this summer!

【会話の訳】

ナンシー：わくわくするわ！ (36)パリへのツアーに申し込んでて，旅行を催行するのに十分な人数が集まったって連絡があったところよ。

スタン：わー！ パリ，楽しそうだね，ナンシー！ でも，たくさんの知らない人と一緒にツアーに行くのって僕だったら嫌だな。

ナンシー：どうして，スタン？ 私はフランス語が話せないから，不安すぎて1人では行かれないわ。道に迷ったら，道案内を求めることができないもの。

ジーン：(37)まあ，フランスは外国からやって来る人が大勢いるから，そこを1人で旅してもおそらく大丈夫よ。毎年，100万人近くの日本人がそこに行くって聞いたわ。フランスの人たちはフランス語を話せない人を助けることに慣れているのよ。

ユート：そのとおりだね，ジーン。それに，行きたい場所に行けるから1人で旅するほうが楽しいし，費用はかなり抑えられるよ。

スタン：僕もユートに同感。食事をするのにこじんまりとしたレストランを見つけるのが好きなんだけど，それってツアーだとできないからね。

ナンシー：でも，けがをするのって心配じゃないの？ それに，誰かにお金を盗まれたらどうするの？

ジーン：それは確かに心配よね。ツアーのほうが危険はずっと少ないわ。たぶんツアーはいい考えね。

ナンシー：みんな私と一緒にパリへ行かない？

ユート：旅行，楽しんでおいでよ，ナンシー。僕はすでにメルボルンを訪れる計画があるんだ。

スタン：それいいね。たぶん僕も君と一緒に行くよ，ユート。

ジーン：どうやらあなたたちは皆この夏は海外旅行を楽しむみたいね！

┌───【ポイントと解説】───┐

問36 36

ナンシーの最初の発話にある I signed up for a tour to Paris, and I just heard that there are enough people for the trip to go. を聴き取り，ナンシーはツアー旅行に参加することを決めていることを理解する。なお，ジーンは，2回目の発話で Maybe a tour is a good idea. と言っているが，実際にツアー旅行に参加するとは言っていない。

問37 37

ジーンの最初の発話にある Well, there are so many foreign visitors in France that it is probably fine to travel there alone. I've heard that almost a million Japanese people go there every year. を聴き取り，この発言の根拠となる図表を選ぶ。

└─────────────────────┘

— 48 —